10th Anniversary

因 為 相 信 ＿＿＿＿＿ ，所 以 堅 強

選 擇 我 們 相 信 的　繼 續 勇 敢 而 倔 強　走 自 己 的 路

自 轉 星 球

在 自 己 的 小 宇 宙 裡　用 眼 睛　看 見 世 界 真 實 的 樣 子

好媳婦
國際中文版

宅女小紅（羞昂）＝著

婚姻就是
蠟燭滿頭燒

宅女小紅

很多人問我羞昂老師，妳怎麼能兼顧白天OL晚上專欄作家假日是賢德的人妻逢年過節清明掃墓又是恭敬的好媳婦，偶爾還要當當藝文圈的張鈞甯作家界的飛毛腿，現在甚至因為精於做麵包，而有康寧路吳寶春美名，這麼多的角色是如何能夠詮釋得這樣淋漓盡致近乎完美，妳的一天應該不止二十四小時吧？

我總是笑笑的說：「不不不，大家千萬不要把我神化了，其實我只是個普通婦女，過著和你一樣的生活，為什麼會有這些隔壁張太太難以望我項背的成就呢（微笑），也許只是居家風水好的關係吧。」

我想這樣飄渺的答案大家一定不會滿意，畢竟在下現在已是全國婦女同胞的典範，連未婚，不用操煩老公和婆家的女孩都未必有時間精神做的事，我一介蠟燭多頭燒的婦女卻做到了（蠟燭到底有幾個頭！）；更誇張的是我有時候自己走在路上，仔細一聽還會聽到旁白說：「她，為什麼忙成這樣還能散發光采，她的背後，到底有什麼不為人知的努力故事？」

好了好了，我知道大家都很好奇，但這種事也不是三言兩語說得透的，於是這本不藏私的完全好媳婦手冊誕生了，從結婚蜜月生活婆媳到做菜甚至著床，各種婦女會遇到的問題應有盡有，徹底剖析美蘇婚姻內視鏡，從外圍一路通到子宮頸，好奇的人們不要再等了，現在請趕快翻下去，一起進入好媳婦的殿堂吧～

對了，本書受到情海無上師的加持，要放在家裡才有用，如果你打算在書店翻翻了事，效力恐怕不會太顯著，此刻還站在書店的請快停止吧先拿它去結帳，隔壁張太太有作證，帶回家看，效果加乘唷。

CONTENTS

CALENDAR OF HOU SHIN BU

好媳婦年度行事曆

好媳婦交流園地 2

羞昂師，謝謝妳！

主婦的煩惱

估外府操煩的這些和那些

阿紅師的懶妻上菜

一週7道救婚姻

後記

羞昂師感恩園地

特集

第一次結婚

就該懂的事

婚後會是賢妻還是嫌來嫌去的嫌妻？

枕邊人是老公還是只會惹惱人的惱公？

胯下界天后暨空靈系勵志教主現身說法，

不管你是少女熟女輕熟女或是準人妻，

5個好主婦話題讓你認識婚姻的衝擊真相！

嫁不掉娶不到的更要看，

此書可讓您從痛苦的泥沼中走出來綻放出燦爛的人生花朵，

你會知道　七～使～一個人的生活也不算　太歹壞～（吟唱）

總策劃 ＝ 宅女小紅

1

多想三秒鐘
妳可以不要敲他的後腦

一個三十有七專寫前男友壞話和胯下事，
親生母親都說不要告訴別人我是妳媽的女作家，
終於成功嫁掉晉升人妻，
從此就過著幸福快樂的日子……嗎？

婚姻的真相

古有明訓有錢沒錢討個老婆好過年，但年復一年絲毫沒有婚配跡象的朋友們也不要失意，今天我就要來告訴大家婚姻的真相，希望看完單身的你會覺得七～始～一個人的生活也不算～太哀壞(吟唱)。

婚姻說穿了就是兩人同住一個屋簷下惹毛彼此，但你也拿對方沒門的一個制度（還是我觀念扭曲）。比如有天惱公告訴我他都沒有多天的衣服可穿，閒妻當然是立馬揪了他去買衣服，沒衣穿實在太口憐了啊，孰料回家後幫他收衣服時發現明明有一狗票多衣他眼是盲的嗎？然後才意識到他視線只能及到抽屜拉開後最上層，要再往下翻他沒有辦划，所以永遠都只看到上面那三件，穿過的洗完疊回去後上層又是那三件，他怎麼看都那些於是抱怨自己沒衣可穿，可明明底下還有你翻一下會死嗎，囊道衣櫃要做得像二十一世紀烤雞釀一直輪番轉上來他才能看到所有衣服嗎（暴怒）？

關於衣服的怒還有一樁，有天出門我說很適合某條褲子，他回我那條褲子他很久都沒看到了，我說衣櫃翻翻總在裡面，他又回我一次該褲很久沒看到我再叫他翻，如此對話重覆三回我頭殼熱熱的終於轟一下的起火惹（惡靈戰警模式啟動），你當褲子是流星會突然出現朽？還是他覺得褲子會出來逛大街被他遇到還說ㄟ怎麼這麼巧？褲子當然在衣櫃裡你不翻就永遠不會看到啊。由於第三次我的語氣透露出怒火老爺終於願意動手翻一下，當然不出三秒很久不見的褲子就出現了，莫等待莫依賴褲子不會從天上掉下來你不懂你不懂嗎（戳太陽穴）。雖然我也會衣服一堆但只穿上排那幾件，星期一到五正常來說我衣服都會同一件穿到兩次吧，但我知道我不是沒衣服是我自己懶得翻，可工程師卻打心底認為他沒衣服，本以為是有些他不喜歡就假裝沒有，但其實也不是，明明抽屜放了好幾層他以為下面的是什麼，跟超市火鍋料一樣上面很華麗底下都白菜甚至

是保麗龍這樣嗎？男人我真是不明白你啊～

　　我開頭說了互相惹毛就是有來有往，有天惱公進廁所後突然連名帶姓叫我我想怎麼著這麼嚴重，結果他說我屎沒沖乾淨（羞）。但我發誓出來前有回頭檢查一下沒看到啊，應該是躲在角落裡等風頭過了再出來的餘孽吧，像在下吃這麼雜很容易有餘孽啊（不用解釋這個吧），可大家都這麼熟了你看一下會死嗎，又不是熱騰騰的約你來欣賞幹嘛氣成醬。然後他明明也要上廁所了硬要先沖水再上再沖，造成了先是我惹毛他再來他又惹毛我之情況，老子最恨人家沒事一直浪費水電，偏偏外子是個打死一隻蚊子都會丟在馬桶裡特別沖掉的人叫我怎麼不怒。明明只有昏倒的蟑螂需要沖掉啊，蟑螂如果死透了我還不沖呢有上廁所時再沖就好，話說有天半夜腹痛起床挫塞回頭送別時突然看到屎內有異物，仔細品味竟然是蟑螂！當下腦中一片空白想說天哪我什麼時候食了這麼大一隻怎麼一點也沒發現，還是全屍呢都沒嚼嗎（抱頭），牠該不會是孕婦吧我身體裡會不會有蟑螂蛋啊～～～然後才想起那是我打死丟進去沒沖掉的。我連蟑螂都不沖你丟隻蚊子進去就要沖馬桶是什麼意思？兩個生活習慣不同的人硬要住一起真是折騰啊（點菸）

　　反正結論就是互相惹毛對方又束手無策這就是婚姻，有天連我在家使用吸塵器惱公都對我大小聲說那聲音快把他逼瘋了，是什麼讓一個青年才俊變得如此精神耗弱呢我想這答案也是婚姻吧（吸一口菸）。所以結不了婚的也別傷感了，這可能也是一種幸福啊（遠目＋輕吐煙圈）。〰

忍或不忍的
人生課題

　　最近我在煩惱一個人生的課題，就是該不該一直對老公發脾氣，看這個開頭好似我是個惡婆娘但不是這樣的，請大家給我一個解釋的機會先。

　　不知道各位人妻有沒有跟我一樣的心情，就是婚後好像燃點變低了，動不動就「轟」一下頭殼燃燒起來美蘇惡靈戰警，怎麼一結婚有這麼多事好生氣啊真拿盛怒的自己沒辦划（兩手一攤）。我在想是因為以前約會偶爾看到不順眼的事，不免會想說別破壞好心情就吞忍下來，但婚後住一起每天打照面，難得見面的心情蕩然無存，而看不順眼的事卻一而再再而三的發生，這讓人怎麼忍住不發怒呢，何況要是婚姻一直健在這些事妳要忍一輩子，想到這本來的微怒就會變成盛怒，然後就不小心發爐了。

　　我的怒點可不是那種牙膏從前擠還從後擠這種跟個人習慣有關的事，我說的是放諸四海都是準則的事，比如脫下來的衣服不要亂丟比如隨手關燈這種事，可以講數次但還是做不到這叫人怎能不火大，婚後我簡直全身都是雷一觸即發啊（爆）。可這樣渾身是雷的我被朋友教訓了，友人告訴我每個太太都是這樣的心情的，不過正常太太都會兩三年後才發作不會兩三個月就發作，我算新婚燕爾理應要忍耐沒人一結婚就滿腔怒火，可私以為遲早要發作不如早點來讓他習慣，別讓惱公覺得以前我這樣妳都ok為什麼兩三年後突然性情大變，他會覺得太太內分泌失調了啊。

　　就在我認真考慮要不要聽從友人建議，默默忍受一切當個好好太太兩年後再爆發時看到一個新聞，有個很能忍的女學生，在台北開往台中的統聯上被印尼籍男子摸大腿，她害怕沒有說於是男子又摸了她胸部，她一路隱忍最後竟被變態把手伸進內褲搵她私處，窩的馬呀這女孩也太會忍了吧，被侵門踏戶成這樣可以不求救嗎！她忍到下交流道才大叫有變態讓別人把他抓起來，可是這時

才叫有什麼用已經被摳了啊，還是Kobe Bryant那個摳逼啊（這什麼爛梗）。色胚說他是看女生都沒說什麼以為她很享受才越做越過火，雖然惡狼這樣說很無恥但好像也沒錯，她都沒反應我以為她願意啊是不是。從這個案例我體會到軟土深掘的道理，女孩們遇到不正確的事千萬不要忍，遇到色郎不要忍遇到廢老公也不要忍啊（爆炸）。

三叔公的故事

這個世界上一直有個難以理解的現象，不知道是我和朋友比較倒楣遇到還是所有人都有這個問題，不如今天就公開討論一下，希望有共同遭遇的人能夠給我們一個鼓勵的眼神，證明我們並不寂寞。

有天我寫了惱公工程師先生在剛起床沒多久，吃完早餐就在沙發上看電視看到睡著了的事，睡就算了還給我睡在選台器上害我無法換台只能拔插頭，廢成這樣我也只能搖搖頭不然怎麼辦（兩手一攤），隔天友人敲我劈頭就是一句：「為什麼男人一結婚就變廢人好神祕哦。」害我也沉思了起來，想到沙發上那一灘覺得他說得沒錯，男人好像結完婚就廢了，這到底是怎麼一回事啊。

他說他那口子也很會一不小心就昏睡在沙發上看了超生氣，以前還會穿衛生衣和運動褲，把衣服紮到褲子裡睡在沙發上，看到這個他就更火冒三丈，最後只好買名牌睡衣給他，如果非睡沙發不可至少睡得稱頭點。說到衣服，工程師有件很醜的外套，長得像公司裡來維修印表機或影印機的外務的制服，為了讓他戒掉那件醜外套我還買新的給他可他依舊愛醜的，有次我忍不住跟他說外套很醜可不可以燒掉它，他很激動的說那是百貨公司買的不便宜，我看了一下牌子的確是專櫃貨沒錯，但是是男仕樓層賣的三叔公那年紀的人在穿的那種；更別說他永遠穿深色褲子深色鞋子和白色襪子了，世上只有 Michael Jackson 這樣穿合理啊，可我告訴他兩百遍他還是會隨手拿白襪，搞得每天早上我都像跟監的便衣警察，就是表面上在做自己的事但眼角餘光一直偷瞄他，一見到他拿白襪就大聲喝斥，不然白襪這題我真不知道該怎麼解。

但這些好像不是婚後才有的事（代表此人婚前就大有問題啊）（不然怎麼會娶我呢（立刻釋懷），這不符合主題呀我要說的是婚後變廢這件事。是說婚前我覺得他算世間男性裡愛乾淨的（吧），高中後就離家上台北自己生活，所以相較於一些

住家裡讓媽伺候的男生他算是自主生活能力強的；婚後為了貫徹兩性平權以及老娘就是不想疊衣服等種種原因，衣服洗好我都會叫他去疊，可他百叫不聽幸好拎北也不省油，他不疊我就把衣服都往他床上丟，沒想到他可以睡在衣服堆裡兩天，我斥責他把衣服都睡皺了他就把衣服掃到地上，大家說我到現在都沒拿東西敲他後腦我人是不是很善良。

　　懶就算了還極端邋遢，只要人在家就是穿著衛生褲加浴袍，永遠呈現剛睡醒或隨時可睡去的狀態，自己在家這樣也就算了，有天有客人來他還是旁若無人的披上他的浴袍，我以為他忘了還提醒他縮待會有人要來耶，他說我知道啊一邊搭配著綁浴袍腰帶的動作，並說他有把衛生褲換成運動褲，算是有尊重客人就是，問題是那運動褲純棉極軟薄穿上根本可以看到老二拓，這樣見客真的好嗎有人來不能穿得體些嗎（頭殼燃燒）。某天我發現他會忘情的在我面前放屁，婚前有屁可都會若無其事的晃到遠方放完再回來的，為人夫後就擺脫一切禮俗想放就放就算在密閉的車裡他照放。這一切糾竟是工程師個人問題抑或是男人結婚後質感都會下降很多呢，坊間老是在說女人結婚後會變黃臉婆，我是覺得男人婚後才會變成三叔公吧（三叔公又做錯什麼了啊）！🥸

後記：那天我指責他露出老二拓不得體，他說才沒有不然妳說它現在在哪兒啊，我一指就戳到它身體（嗯……也可能是它的脖子）（這是重點嗎反正就是它啊！），他不信邪以為是僥倖，於是背過身子扭動了一下再叫我猜它在哪（這是綜藝節目的橋段嗎），第二次我依然精準的指到它，結果他還是不換褲子實在是瀟灑，想到這我又重新愛上他的帥勁了啊～（是的我有病）

誰說結婚
要找互補的

　　以前常聽人說結婚對象通常是個性互補的兩人，那時我覺得很難理解畢竟互補有點南轅北轍的意思，但大家陷入熱戀時不通常都說因為我們個性很像嗎，很少聽見有人說哇我們個性差好多所以戀愛了，所以結論是人類只會跟很像的人戀愛不會跟他們結婚就是。

　　以我個人來說也疑似嫁給互補的人，因為老娘是個急驚風可老公生於慢吞吞family，我曾經聽信公公說馬上要出門叫全家快點到門口，然後我火速裝備好像箭一樣射到門口，結果一個人枯坐客廳等了半小時根本沒人來集合，這不是馬上的真諦啊（敲手錶），惱公說這就是婆家悠閒的步調叫我習慣就好，但這種事怎麼能習慣，到底懂不懂馬上二字代表之意含啊（隔空戳公公太陽穴〔不敢真戳〕）。快是我人生唯一準則（交稿例外），比如回家時接近家門五尺處我就必定拿好鑰匙，不是拿一整串在那晃哦我是拿好要用的那支，並對著門的方向讓它呈現一個正要插進鑰匙孔的狀態，這樣到門時就可以直接插進去，這才是回家的正確態度不是嗎，每每看到老公站在門口才在包包掏鑰匙，還百掏不到我就怒火中燒啊（徒手劈磚）。題外話，有報導說在家門口掏鑰匙是最容易讓歹徒有機可乘的摸們，所以獨居女子記得像我一樣先拿好蛤。

　　有次我們去百貨公司拿了停車票卡，這種東西以前老公都會放車上我就會斥責他，一方面是購物後要在櫃台過卡放車上還不是要回來拿，另方面是報導縮偷車賊會偷卡在車上的因為他們可以很輕易的把車開出去，所以卡不能放車上啊（戳惱公太陽穴）。也許是被我斥責過所以他把卡攬條條收一個太好，收到要消磁時會找不到又一直掏包包（劈磚again），正常人不是在打算去消磁的路上卡就拿在手上了嗎（還是只有我這樣），看到他在消磁櫃台前手忙腳亂我就想翻白眼（不，我應該真的翻了），而且這還不經典，消完磁理論上五分

鐘後就要出停車場了嘛，就又要用到卡了正常人不都握在手心或放口袋嗎，可他還是放入皮夾再放入大包再把包包放後座，等要出門時又停在柵欄處掏這人是有多愛掏（給我磚），此時我冷冷的看著他並在心中按他千萬次喇叭，急驚風遇到慢郎中真的好痛苦，到底誰說結婚要找互補的叫他來跟我對質啦。

夫妻的
共同興趣

最近受訪被問到一題說和老公共同的興趣是什麼,或是兩人平常有沒有喜歡一起做的消遣活動,這題我想了半天想不出個所以然,是說婚後連吃飯都不太講話了啊,所以謎底揭曉了原來我和外子是一對完全無共同興趣的夫妻,想著想著不由得悲傷了起來(拭淚)。

就是這麼巧隔天在茶水間遇到同事她就問我喜不喜歡打電動,如果老公在家一直打電動不陪我我會不會發怒,本以為她會這樣問就是男友打電動打到她發火了想尋求安慰,結果不是的她根本可以和男友一起玩電玩甚至比他還沉迷,朋友都很意外她怎麼能不對男友一直盯著電腦這件事動怒,我在猜很多女孩兒都有遇到愛打電動愛到冷淡女友的男人吧,所以才會對她也能投入如此敬佩。

而我身為連蜜月都想帶PS3一起去的電玩男孩兒的老婆,可有對盯著螢幕專注無比嘴巴還開開的老公生過氣嗎,仔細想想是沒有的,誠如第一段所講的,反正我們也沒什麼共同興趣,所以平常在家都是他玩他的電動我上我的網,是一個井水不犯河水的家庭生活超棒搭,幹嘛一定要一起做什麼事呢,相處的最高境界明明就是各做各的事還能很自在呀。

不過說出答案後我心裡有點不安,畢竟互不搭理不是一個健康的家庭生活,就連背包客都不會這樣冷淡的對室友,我們結婚不算久安捏干丟。為了表示出我有熱情想參與老公的興趣,當天晚上老公打開PS3時我破例的問東問西一下(但他講答案時我照例沒在聽就是),他在玩電玩時我在旁邊磨蹭想找點事展現和他同樂之感,啊嗯勾此時就算我穿著三點只有毛的那種內衣站在他前面,他也只會嫌我擋到電視了吧這就是婚姻。

最後因為實在不知要幹嘛而我正在幫他熱宵夜,加熱完後我就站在他旁

邊讓他打電動然後我把粥吹涼了送到他口中，如此一來他就不用放下電動來吃飯了我還真是個好老婆。餵著餵著我想除了媽寶外，世上應該有個新名詞叫老婆寶吧看起來超沒出息的啊（我說我老公），其實各做各的連架也吵不起來多好（因為沒講話啊），是誰說夫妻一定要有共同興趣的呢。👨

美好愛情
的條件

　　相信年紀跟我差不多的朋友多少都看過知名老片《第六感生死戀》吧，但其實我並沒有看過，只知道內容大意是相愛的男女男的死了女的很傷心，最後有靈媒讓他們人鬼不殊途的故事（應該是吧）。就連我這樣一個跟此電影完全不熟的人，在聽到這個名字都會立馬想到男生環著女生一起做手拉坯，背景音樂放著歐買樂的場景，可見這幕有多知名，但大家知道這幕根本暗藏春色雙關的不得鳥嗎！

　　那天是友人告訴我說那段很色叫我快去看還丟了影片連結過來，我一點進去就發現果然不單純，一開始是女主角半夜不睡覺自己在做陶藝，做出一個花瓶有個口嘛，她把手伸到那個洞裡轉啊轉，如果電視機前的家長沒看到花瓶二字只看到女生自己把手伸到洞裡轉，應該已經報警來抓我了吧，這意識形態太不良了啊。然後男主角來了拉把椅子坐在女主角後面，也不管人家專心在掏洞，不是，是在做手拉坯，就自顧自的加入手做行列，好好的一個花瓶因爲他的搞亂馬上變成一灘爛泥，然後他倆就十指交纏重新把它塑起來。眼看一灘軟爛慢慢被塑成一根棒棒（色不色色不色！），兩人手握著棒棒鏡頭從正上方特寫，棒棒有個圓頭圓頭中間還有個小洞（！），導演是不是想詮釋馬眼我不知道，但在我看來它就是它就是啊。接下來兩人就去He囉了，再接下來男主角被殺女主角天天在想他，成就了一段淒美的愛情故事安捏。

　　看完我有個感想，就是這段愛情之所以美麗感人痛徹心肺完全在於男主角殁了，如果男主角一直硬朗兩人戀愛談八年或是結了婚事情應該完全不一樣。比方說要是老子在家忙著寫稿而工程師不識相的靠近我，通常只要一接近我就會對他大吼：「走開))))」（沒辦法稿件纏身時我比較易怒）；有次我在家堆積木自娛（不是每個女人都像黛咪摩兒會掏洞自娛的）（但我是把凸的塞進凹的裡，原來生

活竟是這樣充斥著酸關語啊！），惱公也是靠過來像男主角醲環著我說：「老婆在玩什麼呀～」我除了心想你他媽沒長眼這麼明顯你看不出來嗎（結論是讓人易怒的是婚姻啊）（該不會只有我這樣吧），因為他碰到我害我失了準頭積木倒了後，我也是情不自禁的對他大喊：「你走開)))))」，接下來哪會有什麼把爛泥塑成棒棒情事，就是有棒棒老子也把它踹成爛泥啊（到底哪來的棒棒呢）。

　　結論是愛情往往美在它沒有結局，難怪上次看到哪裡有寫到，為什麼童話故事老是交待到男女主角在一起就沒了，因為再寫下去就不會幸福快樂了啊～所以電視機前的你也不用怨嘆生活好似不太美滿了，反正大家都差不多的這就是愛情這就是人生哪（彈菸灰）。 ▲

和老公示愛文

日前舍弟因爲工作需求買了車，新車自然是極端寶貝著，每次看到都是<u>不拾不拾</u>的，明明是在外奔波的東西理應灰僕僕但摸起來都還是光滑；就算貴一點也盡量找室內停車場，引擎蓋上有片落葉都會輕輕地把它拂掉讓我很想翻白眼（還是我已經翻了），那種東西明明車一駛它就飛走了啊。有回載家人出遊我們想在車上吃東西他還飄來一句：「不要掉在車上哦。」我想他是沒膽對饑餓的<u>姊接</u>們提出不准在車上吃東西的要求吧，這人對車未免太寶貝了。

我想世間會流傳車子是男人的小老婆不是沒原因的，應該大部份的男人都很寶貝自己的車吧，我有個男性友人每次下車都會檢查一遍車體看有沒有刮到，晚上還會拿手電筒照著車子走一圈，本以爲是他感應到有什麼碰到他的車才會這樣做，結果都沒有這是他永遠的例行檢查有必要這樣嗎。話說我有個前男友買了一台二手車當時也是疼惜的<u>不得鳥</u>，那時假日的活動不是洗車就是打蠟或洗完車打蠟，有天我在洗時手上的 Tiffany 手環敲到他車頂發出也不是太響亮的鏗一聲，頓時空氣凝結三秒鐘他面無表情地看著我似乎在做一個無聲的譴責，<u>馬</u>的老娘透早就出門幫你洗車耶，而且明明比較<u>幼秀</u>的是 Tiffany 吧氣個屁啊。

最後我要稱讚我的枕邊人，<u>溫尢</u>超大氣的視車如糞土，還是新車時他就常開它去嚕牆，有次我在路邊等他停車，眼睜睜地看他慢慢地撞樹可一點也沒停下的意思實在超帥<u>搭</u>（投入懷中）（但樹又做錯了什麼）。除了各式擦傷多又多外車子超髒也不洗，外觀有時會髒到雨刷一刷整個玻璃都糊掉讓人很擔心行車安全，裡面呢則是因爲我們每天早上在車裡吃燒餅夾蛋的關係，椅子上地上全都是芝麻，偶爾老闆把餅烤得太酥脆還會有一<u>些</u>餅皮，如果有天我們不幸被困在車陣中數天（比如外星人來攻打台北台北人全都要擠出城之類的），應該可以靠俯拾即

是的芝麻補充一點熱量，運氣好還能撿到些許蔥蛋呢。

　　另外江湖一直盛傳鳥屎會侵蝕板金這件事大家應該多少聽過，可惱公從不放心上因爲他很帥，有鳥屎他都靜待大雨把它們沖走或是曬到自然脫落，這樣的他有天竟然跟我縮車上有鳥屎希望我不介意，特別提出這個他是被惡靈附身了嗎我好擔心他的健康，結果上了車我才知道那坨不是等閒鳥屎研判應該是老鷹屎，而且該鷹還吃壞肚子了吧因爲豪～大一坨，萬物之靈的我都沒自信那拉出那麼多啊（讚嘆），他還是沒清哦，後來是因爲那坨剛好在副駕正前方我實在受不鳥一路靠北他才去擦掉。最後希望大家不要誤會這不是抱怨文，我認眞覺得對車子這樣灑脫的男能好帥惱公我愛你啊～（手比愛心）♏

男人的理解力

　　結婚一年了我深刻體會到一件事，就是老公的理解能力真是低到讓人不可思議，舉例來說我偶爾會下廚做個飯嘛，太太不就最討厭有剩菜了，尤其是當湯啊飯啊都沒了時，某盤菜剩下一兩口怎麼辦，冰起來沒其它東西一起配著也不能做成個便當，要說留到下一餐吃我下次要做菜又不知何年何月（哇洗忙碌的上班族不常煮可以體諒的是吧），偏偏外子很可恨就是剩一口說不吃就不吃之人，每次這樣我只好自己吃光剩的，傳說中主婦會發福不就是因為那幾口嗎，有次我火了跟他說你給我吃掉，又不做菜又不洗碗請你吃掉那口是會要你命嗎，我在說這話時頭頂應該是有冒出一點火花吧，從此後他就把不一次吃完太太會發爐這件事刻在心上，導致有時我悶兩餐份白飯他會一次吃光，有次我冰了超大盆炒飯在冰箱想說他要餓了就自己挖一碗微波來吃，但他一拿出來依然勉力的吃光了，吃到一直告訴我他胃不酥湖，可都冰過的我不介意剩啊，而且炒飯是自己能當一餐的剩下又不要緊，可他只記得我討厭剩一點剩一點吧，但情況明明不是一樣的他是不能因地制宜嗎（翻白眼）。

　　可納悶的事是接二連三啊這是什麼呢這就是婚姻（點菸），去年聖誕節惱公送我一個馬戲團音樂盒，他一向知道我不愛這種不實用的東西啊為何會買，他的解釋是說因為之前我看了太陽劇團一直稱好，所以他以為我很喜歡馬戲團，於是就買了馬戲團商品給我這樣，可太陽劇團跟馬戲團音樂盒明明是兩回事吧，怎麼在男能的心中喜歡看這個就會喜歡那東西呢，那如果我喜歡看《料理鼠王》就代表我會喜歡老鼠嗎不是這樣的嘛。我在部落格披露我男人在送禮方面有障礙這件事後，有位男性網友告訴我他送女友一台跑步機，因為他約女友去運動中心跑操場，可女友說戶外場地下雨不能去很煩，沒下雨時她也懶得移駕去那畢竟操場不在家隔壁，要移動去那不方便，於是他就

送了跑步機給她；告訴我這件事我想他是不是希望我稱讚他很會送呢，有解決女友需求送禮送在心坎裡這樣，可私以為他的女友的意思是她不想運動不愛跑步吧，怎麼說得這麼明白了他還是以為她想跑所以送一台跑步機，跑步機可不是音樂盒啊，放著一台不用的在家裡說多惱人有多惱人，重點是男人的理解力也太低落了，怎麼會認為她想要跑步機呢，我白眼都翻到要看到腦漿了啊。

所以呢今天的重點就是告訴大家男人的理解力是神祕的、是大有問題的，他們的腦袋可能不能容下轉了個彎的東西，需要直來直往一個口令一個動作才可以，那些少女祈願比如希望他能懂我希望他猜透我的心，希望我一個暗示他就收到，這種不切實際的事就省省吧，喜歡什麼討厭什麼直接說，要他幹嘛就用命令句，自己偷偷的抱著期待但又落空是很傷身的，想要 Tiffany 就直說免得收到跑步機啊（警世）～👨

**我 的 禮 物
就 是 米 和 麵**

　　有次外子因為工作關係去了趟日本，好像是婚後他第一次出差，不是我在說整個家剩我一個人感覺實在太好了，想到他會有四天不回來我就亢奮得在客廳跳了一支現代舞，這是什麼呢這就是婚姻啊（點菸）。

　　因為婚後常感覺到自己行情跌到谷底（是說我一向都在絕情谷底沒上來過吧）疑心老公沒有把我放心上，有天他在跟我報告行程時我就撒嬌地問他：「不知道惱公有沒有買東西送給老婆啊（甜）。」是說這種話在婚前我從來不會問的，婚後就不知怎的覺得這很重要關係到人妻的尊嚴，也想知道出門的先生是否像脫韁野馬忘了家裡有個女人，溫刀家規是我可以忘了他他萬萬不可忘了我啊（這什麼道理）；沒想到他回答我他買了日本的米我整個跌坐在地，傳說中的商務人士，不是都會在飛機上翻前座後面放的那個小本子買一些奢侈品，要優雅地翹著二郎腿（但在飛機上要這樣腿恐怕要很短才辦得到）（好吧他坐的是商務艙）（是說白日夢的劇情設定有必要這麼完整嗎），然後舉起兩隻手指呼喚空姐來，指著書上的一條項鍊說我要買給老婆幫我包一下，空姐還會說你老婆真幸福啊，男子再微笑說對老婆好是應該的啊（好了演太長）。

　　但夢醒了我只得到一包米，去日本不買米 kimoto 就算了買的竟然是米，這讓我想到《犀利人妻》電影版，宥勝回國在飛機上買了一個華航水球給心儀的隋棠，看到這我有翻了一個大白眼想縮女人不會要你這個破水球的何況還是顆幫華航打廣告的水球，敢送這種東西要不是因為長得帥早就被封殺了啊，誰要水球誰要水球啊（爆怒）。

　　然而我痣己的老公卻在出國時買了米回來送我，就是日系超市都有在賣的那種日本米，希望不是扛了很大一包回來還付行李超重費那樣，也希望不會回來一看上面寫台梗九號米 Made in Taiwan（因為鄙人在香港買過上面寫了台灣

名產的八仙菓送人啊〔羞〕)。回來前一天我又問他有時間逛街嗎有買什麼嗎,他除了幫自己買了數件衣服外,特別告訴我他還買了日本拉麵哦(興奮口吻),我說什麼你吃了拉麵嗎他說不是的他買了生拉麵回來要送我,所以我的禮物就是米和麵,這是什麼呢這就是婚姻哪(輕吐煙圈)。〰

婚姻是種修行

　　因為白天上班晚上寫稿，我的肩膀日也操暝也操的關係，這些年來我一直有肩頸痠痛的老症頭，肩膀太硬會睡不好又烙枕，因而造成常會心情某厚怒火中燒，有天我痛到受不鳥預約了拔罐療程想去桑擠雷，老公聽到我要去按摩很開心在家轉圈圈說：「耶，老婆終於不會亂發我脾氣囉。」，這一聽完我就又發脾氣了，敢情他以為我生氣是我自身心情不好所致嗎，男人把女人的怒火怪到像是姨媽快來這等事所以我們心情差，這是不合理的啊。

　　老公是個叫一下才會動半下之人，而且這半下要等很久後才會動，比如我叫他去收衣服他會一直拖著不去收，也不是為了什麼正經事兒耽擱哦明明只是在看電視，還不是看新鮮的是在看早已看過八百回的電影，當我看不過眼自己去做時，他又沒事人般的說：「妳幹嘛收，我要去啊。」這種事到底要等到什麼良辰吉時我不懂。

　　不過各位如果以為我會為這種小事抓狂就把我看太淺了，婚姻是種修行早已讓我看透世間事，有時盤腿坐著還會不小心飄起來呢（最好是）。上次叫他收衣服他依舊是等了很久才去收，收完丟在沙發上也不理，所以收衣和疊衣是配套措施男人並不懂；不懂就算了一會兒還自然地坐在衣服上看電視，想表達他不是碗豆公主底下有東西他不會不自在嗎，好吧這也是一種瀟灑，此時此刻我心中竟偷偷產生心儀的情緒（賞自己巴掌）。

　　另外我覺得廁所抽風只有剛洗完澡時要開，平常沒事不用浪費電一直開著，所以我嚴格的規定出門要關，啊嗯勾我一天到晚發現它是開著的，他就是沒事就一定要把它打開然後又忘了關就是，在我講了七七四十九次他一樣不關時有天我爆炸惹，問他到底要我講幾次才會記得，他無辜的說多講幾次他就會記了，可我以我諄諄教誨的次數來說，我要是對著來福說連來福都學

會了吧，為什麼男人就是記不住呢。更可恨的是還要以為我生氣是我自己心情不好跟他無關，結論是婚姻真是一種修行（敲木魚），各位施主婚前請三思啊（合掌）。

不，讓我先死吧

　　相愛的時候人難免會說點傻話吧，就是沒事問對方你愛不愛我之類（←這麼普通的話對我來說就是傻話了，誰叫我是正經嚴肅之人呢，這題我還不曾問過呢），進階點的會問對方你為什麼喜歡我／喜歡上我哪一點等等（明明是正經嚴肅之人卻把喜歡上我的上字認為是個動詞又是怎麼回事呢），以前我以為這是愛情戲裡的對白現實生活中不會有吧這種話怎麼問得出口啦，結果我一位貌似強悍的友人害羞地承認她有拿這個問題攻擊過男友，請各位冥想一下這題要怎麼回答，除了回妳的哪裡我都喜歡好像沒有更方便的答案了，說到這我有任男友說他喜歡我是因為我好相處，我心想天哪你竟然不是喜歡我豔派的長相或大胸部之類我真是太受傷了，誰要因為好相處被喜歡，所以問人家喜歡自己什麼其實是個陷阱題吧因為答案很容易讓人不開心啊。

　　另外更高階的是討論你要先死還是我先死這題，怎麼這種事是可以商量的嗎討論過的人我真是不懂你棉啊，以前看到的那種感人兩性小故事是說男生跟女生說我希望妳先死，女生說你是咒我命不長嗎男生再說不（用姆指和食指抬起她的下巴），我是怕妳獨自留在世上會悲傷我不要妳承受這個啊（擁入懷中）。雖然老子是一顆拒絕溶化的冰，但小時候的我看到這類故事還是會覺得有一點點感人只有一點點哦，但最近看到類似報導，是說美國哥倫比亞廣播公司《60分鐘》節目和《浮華世界》雜誌的民調顯示，多數人都希望比配偶早死，其中，男性有70%寧願比老婆先走一步，而女性則有62%希望在丈夫之前離世，所以感人小故事都是騙人的，多數人還是想要走先沒有自己留下來的意思，但男人想先死的比例是高於女生的這代表了什麼呢，以前的我可能不懂也不會去細想，但婚後的我真真切切的懂了為什麼啊（點菸）。

　　男主外女主內是千古流傳的話，但現今應該不適用因為很多女人也有

工作，就算沒工作如果是在家帶孩子根本比上班還累我很多主婦朋友都這樣說，並且帶孩子後覺得上班像度假是有這麼誇沾嗎。嗯勾有部份男人好像天生沒有照顧自己的能力（部份，不是指全部，擔藍很懂家務的也是有的只是我剛好都不認識），或是說他們自己住時還能自我管理，可家裡一旦有了別人他就會變遙控器只想指揮人，我認識很多男生婚前回家指揮媽媽婚後回家指揮太太，很想問他哩卡拉揚朽怎麼不去國家音樂廳表演呢。

我個人是很有心機的婚前就開始訓練惱公做家事，但不得不說結婚真是個神祕的儀式，因為婚前的體貼和一切好習慣很容易在那個儀式後隨風而逝，沒叫他做什麼大事只請他管好自己好像都很難，剛結婚時最常聽到「我的衛生衣呢？」、「襪子呢？」、「卡其色的褲子呢？」，是說衣服還能在哪就衣櫃裡翻一翻就好了啊。這樣的日子過久了我覺得不妥想縮那衣服就讓他自己疊好了，如此一來他就知道東西在哪了，但我真的太天真了事情不是醬的，他要嘛不疊讓洗過的衣服堆成一座小山在地上每天穿後自然的消化掉，要嘛就是疊了亂放之後不但他自己找不到我也找不太到。這類事在婚後是族繁不及備載，然後我想到我爸吃完飯不會自己盛，一定要用下巴指揮太太盛啊你是在碗底看到再來一碗朽？就算要也講個話吧只用下巴點一下女僕就要趕快行動就是。

所以現在我知道了，先生想早點死是因為少了太太他連內褲都找不到可能很難苟活著，太太也搶著說我先走我先走因為她不想再伺候人了啊～然後有部份不想早死的是想著家裡那個死鬼走了我就逍遙了，這是什麼這就是婚姻啊（輕吐煙圈）。👨

（偏門的）婚姻之道

　　記得之前有次受訪被問到婚前該不該同居，那時我是覺得婚前應該要同住一下，除了能多少熟悉彼此的生活習慣外最要緊的是要訓練男友，畢竟現在的社會不像以前，就是太太是主婦把一切弄好在家等先生下班這樣，明明老娘也有在工作怎麼可以什麼事都我來做，<u>擔藍</u>要訓練男人分擔家務才是正途。但這種事婚後訓練就北乎啊因爲古有明訓約簽下去人就皮了，這就是爲什麼社會上常有合約一簽對方就變臉的新聞，結婚登記如同簽約，這約一簽等於人生都梭下去（推出瑞士銀行本票）手上再也沒籌碼，這時要求對方幹嘛他愛聽不聽我們也<u>某花兜</u>，所以我認爲婚前短暫同居兼訓練是個好法子，電視機前的妳應該也會覺得這個辦法聰明透了吧（撥瀏海）。

　　前陣子認識了一位跟我一樣剛結婚的女生，新手人妻碰面不免會聊一下婚前婚後有何差別，我說差別就在婚後會發現家事變好多吧，就是要整理兩個人的東西然後洗碗洗衣洗不停的事，說完她淡淡的說這些事在她家都是老公在做的，我追問下去說難道妳連碗都不用洗嗎她說對啊，吃完飯就坐回客廳不動老公或婆婆自然會去洗，什麼此人連跟婆婆住也不做事（震驚）！個人研判她婆婆有跟張太太說媳婦是條懶蟲吧，<u>醉郎ㄟ新ㄅㄨ</u>這人也太猛了啊（起立鼓掌三分鐘）。但我想這是少數幸運的例子吧（不用做家事就覺得幸運人妻的層次變很低），大部份的太太在家都做牛做馬不然碗誰洗衣服誰晾呢。此時身邊一位結婚比較多年的人妻默默的開口：「這種事就是要忍，看誰先忍不住誰就去做。」我說所以妳在家也不洗碗的嗎她點點頭，也就是說三人之中只有我一個人在洗碗嗎（天崩地裂），老子可是心機深沉婚前有訓練老公的，看來我的魔鬼訓練營徹底失敗啊。

　　最後回到那個訪問（跳一下），當時聽到本人假同居眞訓練之論述的女記

者是點頭如搗蒜，因爲她就是個婚前沒訓練，婚後要淚眼相對老公才會移駕去倒垃圾的人；但今天的我要跟她說聲抱歉請她不要再把我奉爲人生的導師了（她有嗎），因爲經驗告訴我婚結一久人就皮了訓練是沒用的，婚前的一切都是虛與委蛇耳根硬的就算被植入晶片也會反抗，婚姻之道原來就在於一個忍字，誰有本事忍住不動手誰就是最後的贏家（不就爲了幾個碗），所以也別再哭訴跪求了顯得我們很弱，太太們拿出妳的凍逃來，垃圾就放到它長蛆看誰先凍北條啊（結果是鄰居先去報警這樣）。〰

早婚好？晚婚好？

之前有個喜氣洋洋的新聞，內容是顏清標要當阿祖了，本來我沒怎注意的只想說恭喜他囉（裝熟）後來因為此新聞有個廣播約我去談早婚議題，我才關心了一下顏家ㄟㄞ擠，這一看不得鳥，我是知道他們習慣性早婚可不知道有早成這樣啊。

不熟的讓我來簡報一下，顏清標的十九歲孫女有了四個月身孕帶球嫁，也就是縮他三十七歲的兒子顏寬恒今年要當阿公了，窩的馬呀三十七歲比我還小啊，我連蛋都下不出一個就有人要當阿公了哼哼，再推算回去他三十七歲女兒十九等於他十八歲生，顏清標五十四歲兒子三十七歲等於他更早，十七歲就當爸爸了。難怪他會說早婚早生是顏家傳統，他們的人生進度真的比時下青年還早上許多，但這麼早結婚理論上是好的嗎（沉思）。

要是這題你問到以前的我，我會覺得當然不好啊，結婚是一件人生大事需要深思熟慮考慮清此，要有多一些戀愛經驗，方能在各種特質中找到最適合自己適合共同生活的，像我個人就常在回想到過往男友，想到某些點後心得是「天哪，那種男人怎麼能嫁？」可戀愛時根本沒覺得有什麼不對勁兒，有些事就是要有點歷練才參得透咩。私以為談戀愛跟結婚是兩件屬性天差地遠的事，讓你愛到死去活來非他不可的人，不見得會是好老公好老婆，畢竟愛情要的是火熱激情而生活要的是體貼包容，訴求不同對象怎麼會一樣。

比如我有交過不太愛回家整天只想和我廝混的男能，一起時當然很開心，覺得對方好像愛我愛得很狂熱每天只想見到我，上午和我約了中午回家下午可以再來找我，可仔細想想他只是不愛待在家又沒朋友吧，這樣的人我要變成他家人還得鳥啊。又或是那種說風就是雨的人，好像只是要出門吃個飯踏個青，一時興起說走吧去南投，幾小時候人就在南投了恐怖額，這是

浩角翔起在出外景吧去哪只要跳一下，和這樣的人戀愛有趣是沒錯，但真嫁下去是可以的嗎？可能有人行啦但我不能，我本性壓根是宅女整天只想窩在家，這樣的事偶爾為之很不錯但常常哪吃得消，你是浩角翔起我可不是阿松我不能啊。

　　但這些事真的是要戀愛方面多些經驗才有的體會吧，十來歲的小孩兒比較難去懂得這種生活一輩子的壓力，畢竟那個是個只要開心就好的花樣年華呀～於是我很認真的挑選結婚對象，挑得一個我心目中比較有居家好男人氣息的男能，就覺得這屬性比較適合我應該比較疼老婆（吧）。結果咧，男人一結婚好像就切換成老爺模式（還是只有我家這尊洗安捏），婚前的勤力小子變成叫一下動半下的人，那半下還要叫後半小時才會動，是要暖機暖這麼久杯？像古早的車一樣要發動很久才能開安捏。難怪家姊婚後語重心長的告訴尚在情海浮沉的我一句話，大意是說男人其實不用挑得太仔細，因為不管什麼男人婚後都會變成一樣，彼當時我完全不懂這個意思，但現在我懂了完全懂了啊（點菸）。

　　想想工程師婚前也算是體貼的男能，起碼以我交往過的來看他算是囊拔萬了（囊拔萬是洋文兒哦我英文很棒吧），但婚後我往往要拼命壓抑自己才能克制住這兩萬八千次想把拿東西往他後腦砸下企的衝動。可怕的是就算他沒做什麼我也氣，比如回家就一直抱著哎配或看電視其實也沒惹到我但看了就發火，誰叫他要邊玩哎配邊看電視關掉任何一個都不行（怒）。我跟人妻友人們抱怨此事，沒想到她們都說男人就是醬啊，回了家就一直一直一直看電視，如果在忙請他們看一下小孩，就是一手抱小孩一手滑哎配。然後因為也比較少抱小孩的關係小孩也許不習慣會哭，哭了就說他不喜歡我就把孩子還給太太。但這種算好了，有的是下班回家看孩子睡著想跟他玩還把他吵醒來，不

知道不能吵醒沉睡的獅子嗎被吵醒的小孩超會起番顛的啊，所以我看透一件事，就是原來婚前再怎麼精挑細選最後都想掐死老公啊（是這樣的嗎）。

　　不過說句公道話懶散的男人也是女人養出來的，就是女人很容易在剛結婚時對婚姻有太多粉紅色的幻想，我要整理好家裡我要當賢妻我要像電影裡的好太太一樣，就是老公出門還提著公事包在門口送他，回來後再接過他的東西這樣，而男人就是賤骨頭，都幫他做好他不會想要回報只會覺得哇好棒哦（抖腿），久了就養出一個老大爺了啊！所以追根究底女人才是賤骨頭，奉勸天下女子不要再寵壞老公了回頭是岸，慈母多敗兒太太太勤勞老公就會廢，像我現在嚴刑峻法吃完飯惱公都會自己去洗碗哦（心）。其實老公和小孩子一樣，怪獸都是自己養出來的也別靠夭了啊（那我現在在幹嘛）。

　　結論就是我再也不覺得人應該多看多挑晚點結婚了，甚至我認為早婚也不錯，早點看破紅塵不是超帥的嗎，等到像我這樣定了型的中年人，多活了幾年更自我和傲慢了，自己個性都養成了才要去適應一切，這日子不是更難過嗎？最後上節目時主持人問我對顏家代代超早婚有什麼看法？看透婚姻後我已經對選擇伴侶的時機沒看法了，重點是顏家人早婚只是不愛避孕而已吧（指）。

我想這是
男人的陰謀

　　有天我難得的在家下了廚，湯足飯飽後惱公看到我在收碗立馬迎上來，表示我都辛苦的做飯了就讓他來洗碗吧，聽完我感動之餘說不用了我自己來，他也沒有做做戲多跟我拉扯一下就去開電視惹，還是那句老話這就是婚姻呀（遠目）。

　　其實我並不是很愛做家事的，婚前也想過一定要訓練老公做家事才是人妻成就感的來源，可無論我怎麼苦口婆心，我那口子都還是個喝完水就把杯子丟在流理台也不順手沖一下的人（但他本來是丟桌上的，已經前進一大步了啊），在我唸了他七七四十九次後他偶爾會洗，可洗完就正正的放在桌上讓它積著水，講多少次請它倒放在晾碗架上瀝乾他永遠都不聽，不知道為何一件簡單的事要講了又講他還是左耳進右耳出，這麼性格真是內湖ㄟ史蒂芬席格啊。

　　偶爾他會做一點家事，我通常會用迴光返照來定義老公突如其來的勤奮行為（安捏干厚），可我不能理解為何他老兄洗個碗水一定要開到最大，任水花把流理台旁的冰箱椅子所有東西全噴溼，跟他反應幾次甚至直接動手去把水轉小些，下次他再開時一定又要調到大，導致他洗完一個碗事後我要去擦拭流理台旁的所有東西，事情反而變多真是太不划算。

　　說到這我想到家父以前偶爾也會下個廚，可他下完廚必留下痕跡，就是麵粉啊鹽啊胡椒粉之類的東西弄了滿桌，然後用過的東西都丟在流理台，整個廚房就像被小偷翻過一樣亂，然後他得到了一個新好男人的好名聲（男人好像做個飯就叫新好男人了吼，這個社會對男人也太寬容了吧），苦了善後的人也就是我娘，這些事女人要是全都自己來根本不用收那麼累啊。然後回到惱公身上（跳一下），曬衣服前要先抖一下這是常識吧這樣才不會皺啊，掛上去時肩線要喬好必要時要夾上夾子，如此一來肩膀上才不會有兩個凸起來的痕跡，但這樣

的事情無論講幾次內湖史蒂芬席格還是不會放心上，為了免去麻煩所有事只好自己做了不然怎麼辦。現在想想我一定是著了男人的道兒了，裝笨八成是陰謀這樣他們就不用做家事了啊！

**婚後的
人生標準**

　　前陣子我在用的部落格平台老出問題，讓我興起了想搬家之念頭，於是就在FB上發問哪個部落格比較好上手，此時有位女生朋友說我老公不是工程師嗎，叫他幫我架一個平台就好了啊，話是這麼說沒錯外子他就是尖端科技的結晶，可是會說這種話的一聽就知道是未婚，她要結了婚就會知道，老公可是叫不動的叫得動的叫男友，讓老公做一件事到等他做好應該會等到花兒也謝瞭，這是什麼呢這就是婚姻哪～

　　女性朋友請回想一下，和男人剛認識的時候是不是稍微表達好想吃什麼好想去哪裡，那沒多久東西就會到妳手上，比如以前我說那個來了真想喝個熱甜湯，半小時候就會接到電話說妳出來一下，這甜湯就飛來了啊（甜絲絲）；交往一陣子後再有此心願時，有人性一點的會說「要去幫妳買嗎？」先問就是圖妳說一個不用了，不然就是「那就去買啊。」意思是想喝自己去，從前的自動自發已蕩然無存。而現在呢，猶記婚後有一次我說好想吃什麼東西，惱公看了我一眼一字一頓的說：「妳・還・吃・啊！」用一個很誇張的口氣音量開大了三格「還」字還給我拖長音，這是什麼呢這還是婚姻啊（點菸）。

　　反正呢婚後糟糠妻的話再也不會被放心上，有天我在專心寫稿他在看電視，寫稿時我都會背對著電視，就如同雞排妹用脫衣服表達捍衛多元成家的決心一般，我用背對著電視表達我在認真寫稿的決心。老公轉到一台內容明明很讓人翻白眼，是一個很會丟飛盤的人和一隻很會接飛盤的狗在PK，成年人是有沒有必要看這個看得如此入迷呢。但他真的很入迷，會一直發出「妳有看到他怎麼丟的嗎？」、「哇～也太強了吧？」、「這局好刺激」的讚嘆，我明明背對電視很專心在寫稿他也知道，可還是要一直跟我轉播說多精采多好看。

　　他說第一次時我不理，叫我看第二次時我說我在寫稿沒在看，這樣的

套裝組合應該發生了三回了吧，他還是會時不時的發出「哇，竟然有這個人耶！」、「哇拷好厲害。」不知是自言自語還是要講給我聽這樣，而我繼續施行著相應不理政策。沒多久他又亢奮地問我：「剛妳有看到嗎，好強哦」，我專心的思考被他打斷，終於按耐不住生氣的對他大吼：「我在寫稿不要跟我講話～～～～」他靜默下來而我覺得空氣都凝結了，開始反省是不是對他太兇，家庭氣氛都被我破壞掉了啊。不一會兒他夾著哎配進廁所，這是不是一言不和時有一個人要去自己的空間靜一靜的表示，想到這兒我又對自己的暴怒感到不安剛實在太兇了我自責啊，沒想到他關起廁所門前丟下一句「幫我看一下哪隊贏」，於是我的自責消失且又發了一頓脾氣，是說這人到底有沒有在聽人說話啊！！！（射出飛刀）

　　但我也安心惹，原來老公不是把我的話當耳邊風聽了也不做，他是根本沒聽到我說話，沒聽到比聽了做不到好多了不是嗎，婚姻真是讓人生標準整個大降低的一種制度啊（輕吐菸圈）。

惱公存在之
必要性

　　有天外子用一種做錯事了要講又不敢講的態度來找我談心，開頭是有點低聲下氣的說：「我跟妳說一件事。」害我神經緊繃起來，身為太太聽到這種話誰能不擔心，感覺不是有小三就是被裁員了啊啊啊（抱頭），結果是他公司有事需要他出差兩禮拜，我一聽整個開心老公不在家不是老婆的小確幸嗎（天哪我才新婚啊！），都想在客廳跳一支慶祝的現代舞了，但我壓抑住內心深處的雲門舞魂換上體貼太太的嘴臉，告訴他公事重要就去吧家裡的事不用擔心的，他不安地強調可是我要去兩禮拜整耶，我說<u>沒關涭啦</u>男人要以事業為重不要管我我一個人ok的去三禮拜也可以唪。

　　不得不說回復單身生活的日子真快意，雖然平常老公也不會管我，但兩個人在一起總是要配合彼此，比如他餓了如果我說我不餓你自己解決吧，他會說那他也不要吃好了，為了避免老公挨餓只好配合著唄反正只是小事；又比如他有個怪習慣就是盯著電影台反覆看他已看過八百回的電影，這習慣是日復一日啊，有時我也很想看新聞知道社會上發生什麼事可以不要再看電影了嗎（奔潰）。終於有兩週放風假我覺得好嗨桑，一週過去後有天甚至很該死的想，其實女人一個人也可以過很好幹嘛非結婚不可，重拾久違的單身生活我真的快哎樂的不ㄨ得ㄜ瞭～（忍不住發出康弘式歡唱有沒有這麼快樂）

　　但人真的不能有壞念頭，這麼想的當天晚上我家就出現大蟑螂一尾，我其實是不怕的只是討厭，可牠很放肆的爬到我腳上這就讓人全身發毛了，解決掉牠後覺得很煩，結婚後這種粗活兒都是老公在做的為什麼要自己做，我寶刀已老力道都不會拿捏差點讓牠噴內臟了啊。隔沒半小時我發現牆上有一莫名生物正在往我二樓的臥室前進，看了半天嗯<u>災洗瞎毀</u>拍照上傳fb網友告訴我牠是蚰蜒，在下無常識還以為那是《哈利波特》裡杜撰的生物呢原來真有

其蝓啊幸會幸會（和蛞蝓交換名片）。我盯著牠不知如何是好可牠正向我床邊爬啊，此時看到網友教我要撒鹽我火速拿出鹽巴來，因爲牠在高牆上我是站在椅子上細細的把鹽搓到牠身上，盯了幾秒鐘沒變化還想縮網友騙人，接著可怕的事花生惹，牠開始滴體液到地上貌似痛苦的扭動，就像《浴火鳳凰》裡潘迎紫要變身前那樣（好老派的形容），我站在椅子上盯著一條扭動的蟲盯了老半天，看牠先是生出了一堆透明黏液自己被困在裡面，接著黏液變色了該不會牠內臟化出來了吧（抱頭），我恨網友提供這個爛方法，才看到後面有人教我用筷子把牠夾出去就好，我幹嘛撒鹽幹嘛撒鹽呢（掌嘴）。

　　終於牠停止扭動了我想夾走但家裡沒免洗筷誰叫我討厭那個東西，老公要是買便當不小心拿了我都會斥責他現在想想我爲什麼要這樣（掌嘴again），沒辦法只好找出廢紙把牠刮下來，一刮弄得整牆黏，用溼紙巾擦了三次牆面還是ㄒㄧㄡˋㄒㄧㄡˋ，我一邊善後一邊覺得馬的本宮爲什麼要做這種粗活兒啊，原來惱公對家庭的意義是很大的惱公請你快回來吧～（淚崩）👨

後記：我告訴吾友阿寶晚上跟扭動的蛞蝓奮戰的故事後，兩人產生了一段垃圾對話──

我：蛞蝓好噁。

阿寶：正要叫你不要弄鹽，你就……

我：我怎知。

阿寶：撒了比沒撒更噁。

我：我第一次看到那個東西。

阿寶：你動作太快了。

我：我runner。

阿寶：不是撒鹽就會離開你家，是更麻煩，看他搖來搖去更難過。

我：像《浴火鳳凰》潘迎紫要變身前，很痛苦的樣子。

阿寶：也像巴龍星。

我：我想成包龍星，那是周星馳。

阿寶：對。

我：後來才想到是巴龍星，很恨自己竟然記得。

阿寶：我也不成材。

我：妳是丟臉些，因為妳不提我不會想到，但巴龍星有扭動嗎？

阿寶：有吧，請看VCR。

（貼了一段《浴火鳳凰》的影片）

我：他是不是有妹妹。

阿寶：那在後面搖來搖去的影子是誰，還是我更扯想到天蠶變。

我：快忘了這些事吧，人生中有更重要的事。

阿寶：在蛋裡面的是什麼……

我：不是潘迎紫嗎？

阿寶：在後面一直搖來搖去的男的聲音。

我：天魔嗎？

阿寶：啊，應該是吼，一直喊叫巴龍星的名字所以我想成巴龍星，有時會痛苦的鬼叫，搖來搖去。

我：夠了！

——

你是否也發現到後記跟本文超無關呢，好吧，我只是希望喚起世人對巴龍星的回憶，因為我不想當世界上唯二惦記著巴龍星的人，太丟臉了啊～

好媳婦交流園地

老公的使用說明書
INSTRUCTION MANUAL

6個正確觀念，就是你的渡老公祕訣，

只要掌握應對關鍵，從此頭殼不再瞬間發熱起火燒不停！

周末吃完早餐就在沙發上看電視看到睡著！

堅持穿醜外套搭配深色褲子深色鞋子和白色襪子！

找東西不用手翻永遠遙控老婆用嘴找！

邊玩哎配邊看電視關掉任何一個都像要他的命！

看著看著是否發現你家那口子也有這些欠殺的進桃？

不要緊，讓情海無上師　上羞　下昂來告訴你如何渡化老公這號人物！

遇到老公出差想討伴手禮的 Know How

✕ 婚姻裡沒有驚喜且老公是聽不懂暗示的，如果妳以為他會聰明的買了妳喜歡了很久的東西帶回來，那肯定只會得到一顆破碎的心，記住，想要什麼就明講千萬不要暗示，永遠要記得為師說的，婚姻裡是沒有驚喜的，不，正確來說婚姻裡是只有驚沒有喜的啊。

⭕ 想要什麼就明講，但不是說「惱公～人家想要 Tiffany 項鍊」這種，是「惱公～人家想要 Tiffany 型號叉叉圈圈的那條項鍊」這樣，因為男人就是範圍縮的再小還是會出錯的物種，如果真想要驚喜，就列個十種東西請他隨便挑一種，如此一來還是有拆禮物感也不錯。對了，要是他十種都買應該是養小三了，調查清楚勿枉勿縱。

剩菜剩飯的處理指南

✕ 自己吃完是下下策，但逼他吃完也不妥，他會覺得妳強迫他，雖然婚姻就是兩人互相箝制，但逼的最高指導原則不是說出口，而是讓他在內心深處產生恐懼而尊從。

⭕ 他不吃完的東西下餐繼續吃，千萬不要做新菜也不要擺盤擺好，最好就是捏成一個飯糰給他吃，當然此處說的是東剩一點西剩一點那種，萬一是很大一盤剩下很自然（也意味著妳煮太多了啊），要是他有東剩一點西剩一點的習慣，記得開始學做飯糰，不管搭不搭什麼都包進去，如果能讓他想到飯糰就哭出來，必能改善東剩西剩之習慣。

改善叫一下動半下的症頭

✕ 我常遇到會用眼淚控制男人的女人，這樣不是不好，只是會被看沒有，多數男人害怕女人的眼淚，所以眼淚要省著點用，千萬不要叫他去倒垃圾他不倒就哭出來，不要以為某摳零，我就有因為老公不去倒垃圾而哭了的朋友啊。

⭕ 如果他對妳沒什麼要求，那就把那件事擺在那看誰撐的久，萬萬不可受不了就自己做了，那會養成他等妳動手的心理，婚姻之道在於忍，誰沉不住氣就輸了。如果他對妳有要求的話，比如：老婆我的襪子在哪／老婆我餓了／老婆幫我挑一下領帶，好，這時就跟他說，那你先把某某事做好再說。等等！我看錯題目惹，你是說叫一下動半下嗎，我還以為都不動呢，好了以上重來。基本上男人叫一下動半下很正常，所以就習慣它吧，婚姻之道在於看很開（咦不是在於忍嗎），他肯動半下就要感恩了啊。

✖ 老公的行為雖然像臭小孩但其實他是個大人,如果一直跟他說不要滑手機不要打電動,那不是像在管孩子嗎?身為太太會自我感覺不良好,老公也會覺得自己長這麼大了還要被限制自由很不受尊重,而這種不尊重會傷害婚姻的基石,也會讓男人覺得老婆=老媽子,這種情況是沒有人樂見的。

○ 其實滑手機沒什麼不好,手機裡想必有一番桃花源,不然為什麼男人會沉醉至此呢?與其阻止不如了解和傾聽,這才是維繫婚姻的道理,所以他滑妳也滑吧,就當著他的面,出去吃飯時他要拿出手機妳就不落人後登入購物網,看到什麼好東西就跟他要卡來刷,如此一來他玩到了他的妳也買到了妳的,不是皆大歡喜嗎,也有可能以後妳再拿出手機時他會說老婆不要滑了,我們來談談心吧。

✖ 「你到底要看幾遍,都會背了可以不要再看了嗎~~」不行,惱公之所以惱就在於妳叫他往東他偏偏往西;那跟他說你繼續看下去他就會不看嗎,也不會,這就是惱公更惱人的地方,妳永遠猜不透他,但他卻永遠可以準準的踩在妳的怒點上,就像一下手就按對點的按摩師傅啊。

○ 陪他一起看把劇情背下來,在笑點快要出現時就先大笑,要捧腹那種,就是一手摸著自己肚子一手拍他肩叫他共賞那種笑法,邊笑要邊把還沒出現的笑點講出來,例:「Sit Down Please 她 要 說 Sit Down Please 了啊哈哈哈哈哈))))」讓銀鈴般的笑聲迴盪在家裡,相信他會心生恐懼覺得妳腦子有問題,以後必定會更加尊敬妳不敢再用同一部電影一直惹妳了。

✖ 婚前還是女友的心情,所以很多女孩兒還是會殷勤的伺候男友,可如此一來會養成男人茶來伸手飯來張口的習慣,孩子出生後還要伺候兩個人,這是妳要的幸福嗎,所以萬萬不可這樣做。

○ 有感覺戀愛談到一個境界就快要結婚前,請開始訓練未來的另一半做家事,但妳也不要天真的以為訓練有成婚後就會是善男子了,我告訴妳不可能!男人沒那麼好教育,連來福都比男人受教。這樣做的目的無非是讓他習慣妳的晚娘臉,因為為師的聽過很多案例是男人覺得女人怎麼婚後就變臉,為免造成他對婚姻的誤解不如婚前就變好,也讓他知道讓妳改變的不是婚姻,是他這個人以及他的壞習慣啊(左手背拍右手心)。

2

宅女小紅╳鼻妹
方便的話請婆婆不要看

當你家變成我的家當伯母變成媽，
出嫁前後的兩樣情，媳婦ㄟ心屬瞎郎知，
且聽宅女小紅從第一次在婆家過年講起，
娓娓道來適應新家庭的新婚人妻內心話。

好媳婦兒
過年記

出嫁前的過年之於我，就是閒閒沒事在家裡當大小姐吧，因為家母觀念偏差，以前過年都會叫我做這做那，說到這我印象最深的是某年我媽還在除夕前一天晚上發給我一個豬頭和一把小鑷子，命令我把上面的毛都拔乾淨，那個小年夜我就抱著豬頭度過真是心酸，我該不會是媽媽在路上撿來的吧。可自從在下年過三十三左右，只要逢年老木就叫我躺在沙發上千萬不要動，吃完東西不要洗家裡有事不要做專心的當個廢物就好，理由是我遲早要嫁人到那時候有得我做了，趁還在家時當一下大小姐免得以後只能當下人，也就是說在家母的偏差教育下我成功詮釋了廢人好多年，可是（哽咽）如今我不能再廢了，因為我是人家的媳婦了啊（淚灑鍵盤）。

結婚對我來說最困難的事，莫過於以後不能在家過年了，我跟很多女生朋友討論過這件事人人都點頭如搗蒜，還有好多個貌似堅強的友人，跟我說除夕夜時她們躲在夫家廚房偷哭因為這是別人家，甚至有人為了不想在把郎家過年硬是拖到年後才結婚，不在自己家過年的壓力不是男人可以理解的，那種要幫忙好像無法插手閒著又覺得心裡不踏實的心情，光用想的我就好希望新年不要來啊。

我事前還想好萬一要下廚時要準備什麼拿手菜，以及吃完飯後要搶著洗碗這些事，不過前輩都告訴我新嫁娘萬萬不可主動做任何事，不然一旦做了以後那就是妳的工作了不可不慎。多做事我倒不擔心，比較讓人憂心的是不免的會被那些姑姑們問縮何時要生小孩，事實上本人婚宴那天送客時姑姑們就有叮嚀我要趕快生惹，當時我才剛結婚不到三小時啊！

我婚後的第一個年在除夕那天開車回高雄，在下是台北人往年只有看新聞欣賞返鄉車潮的份兒，彼當時塞在其中想到女人婚一結連家鄉也變惹實在

心酸。到家後發現婆婆正在準備拜拜的菜，此時「醉郎ㄟ新ㄅㄨ愛災抖力」的歌聲在我耳畔響起（誰在唱！），不能蹉跎要立馬進去幫忙才行。是說廚房是女主人的天下我一個外人在旁邊也幫不上什麼大忙，可是阿母有交待去人家家要當好媳婦有事要搶著做才是正途，只能混在旁邊拿拿碗擺擺盤，重點是要跟婆婆聊天融入家庭安捏。做完飯端去拜拜，約莫到四點婆婆叫大家吃飯了，四點這是吃哪一餐我不明白但醉郎ㄟ新ㄅㄨ有什麼好問的呢婆婆叫我吃我就吃！吃完要默默地站在遠方以彷若在做自己的事的姿態觀察大家吃完沒，最後一個一放下筷子我就趕快去收碗洗碗，我一度有幻想過會不會有人來阻止叫我不要做，可惜這種好事並未發生啊（嘆息）。

　　四點吃完了晚飯那一天就結束了嗎，不是這樣的，約莫九點半婆婆又叫大家去吃飯不知是吃哪一餐，是同樣的菜熱了再吃一頓這樣，我沒啥胃口只能默默地再在遠方監看大家一吃完再立刻去收碗洗碗，看我一個人在廚房洗洗擦擦惱公竟然說別洗了我來吧，我心想你他媽的平常在家用了一雙筷子也不會順手洗了只會丟在流理台讓我善後，這樣的男子回媽媽家了竟然要搶著幫我洗碗，這一洗你媽肯定認為平常在台北悍妻都這樣使喚老公的但明明不是啊，文末呼籲天下老公愛做事的話在自己家做吧千萬別回到媽媽家還裝勤勞，這樣做不是貼心是在陰自己的太太啊知不知道！〰️

小紅の媳婦劇場

HO SHIN BU CINEMA

女友和
太太的差別

　　上一篇講到過年期間新科媳婦兒哇奔郎的身份是一個活體洗碗機的故事，雖然說洗碗也沒什麼算是為人媳該做的事，但從這之中我領悟到一些事，之前我對結婚這件事一直沒有太大感觸，總覺得婚前婚後我的生活還是一樣的過呀，直到那幾個洗碗的晚上，才真正體會到當媳婦和當女友其實是有很大差別的。

　　還記得當女友的時候啊（遠目），那時稍微要做點事一定立馬被阻止，婚前我也去過他家幾次但每次都只有坐在客廳，連廚房的面都沒見過，不是我懶惰其實每次都有心想做的，可每回只要一表現出要收拾什麼，就會有飛虎隊垂降下來按著我的肩叫我不要動坐著就好，然後還端上水果來給我享用，彷彿我只有一個任務就是消滅過剩的水果整個好尊榮，那時我還想哇塞這家人好多禮，因為根據以前交男友的經驗，向來都是多少有幫忙做點家事洗個碗的，就是伯母雖然也會說不用，但不至於像這裡這樣強烈的表達不准幫忙之意願，這種勤勞的老人家我最喜歡了啊（手比愛心），以後回家時應該只要<u>翹咖捻翠秋吧</u>（抖腿）。孰料這婚一結豬羊變色，應該是因為我的身份已然從客人變成自家人，當我開始收碗時都沒人來叫我別做了一個也<u>妹有</u>，不，如果你有看過前一篇文的話，就會知道只有<u>溫大</u>來阻止我啊干，他是想陷我於不忠不孝又不義吧。於是就在那個頭一回以媳婦身份回家的夜晚，我從一個沒見過廚房的人，到過了一個年我連他家廚房有幾塊磚都知道了（向深宮寂寞的敬妃致敬）（←甄嬛梗，沒看過就別問惹），這不是別的這就是婚姻啊（點菸）。

　　然後婚後的首次聖誕節我是吃巷口的切仔麵度過的，我想特別出門過節的行程已經離我很遠了，誰叫我只是個太太呢（<u>把郎ㄟ性命洗空金勾包銀，太太ㄟ性命嗯～達～吉</u>〔含淚吟唱〕），其實也不算太被虐待因為我點了雞腿麵至少有食到

大塊肉，跟去浪漫餐廳吃牛排蛋白質的攝取量差不了多少，我是這樣告訴自己的（哽咽）。有次不知道在聊什麼我說因為我是畫皮啊他回答妳是包皮啦，還有一回我們在坐公車，不知怎麼車上飄來一陣臭魷魚味，他想都沒想的抓起我的頭髮去聞，原來他竟以為臭味是我頭上飄出來的！（是的我不愛洗頭）當了太太後不但以往的甜蜜蕩然無存連基本的尊重都得不到惹，原來這就是女友和太太的差別啊（輕嘆息）。以前我總覺得會傲嬌的說沒有大鑽戒我不嫁的女人很雞歪，現在我想跟她們道歉，其實婚前雞歪點只是剛好，因為婚後再也沒法拿翹了啊（語重心長）。〰

小紅の媳婦劇場

HO SHIN BU CINEMA

新年問題多
不要回家最好（是嗎）

　　日前看新聞表示團圓會讓親屬發生衝突的機會變多，也是啦平常大家不常相聚也不熟，過年硬被湊一起當然意見相佐的機會也變多，加上過年常常在飲酒作樂，黃湯下肚EQ都變低了互打也是難免（是嗎）好像還算可以原諒，但有一位男子，他也沒飲酒也算跟我無冤無仇（好啦可能有一點，畢竟我常在報上講他壞話），過個年他卻一直陰我，現在請大家幫我評評理，此人這樣弄老婆安捏干丟？

　　我這人素有認床老症頭，換床都無法入睡加上老公會打呼，所以每次回婆家我都沒怎麼睡，有次半夜被呼聲吵到奔潰只好帶著枕頭睡地上，隔天惱公看到自責不已，這次回去他就一直跟我說他要睡客廳，我一聽這可怎麼使得，讓公婆看到兒子睡客廳會覺得我是怎樣一個惡太太，就算我真是好了（眼神閃爍），也不會傻到在公婆面前這樣大鳴大放啊，於是我立刻阻止他而且是疾言厲色的阻止，那天他說了幾次我就阻撓了幾次，晚上還追加一次警告他千萬不可睡客廳。

　　結果咧，晚上我先睡了半夜起來發現身旁是空的就覺得不妙，隔天一早婆婆就來問我惱公為何睡客廳，我說我不知道耶（於此同時聽到「啪」一聲，應該是腦神經斷裂）婆婆接著說好像是怕吵醒妳耶，我說是哦（啪啪啪啪連環啪，應該神經全斷惹），我說婆婆妳都知道答案了何必再來苦苦追問呢（國劇甩頭〔老師請下歌〕）。

　　另外是公婆家並沒有一起食早餐的習慣，兄嫂也都起來自己去外面買，我因為太想出去透透風（媳婦就是被囚禁在家裡啊〔拭淚〕），有天早起一邊旋轉一邊要去買麥當勞，哦耶，終於可以不用在家吃了，其實我還不是太習慣公婆家的口味並且在家吃意味著要洗碗善後，能出去放風真是作夢都會笑，有時出去會不小心哼起U～五咧咿哩呢（要不要這麼開心），結果才轉到樓梯間就遇

到婆婆問老公要不要吃稀飯，老公知道我非常想出門所以一時沒回答，婆婆追問了你不吃稀飯嗎，他回我愛吃稀飯啊但是＊＊不吃（＊＊就是我芳名），然後＊＊不吃四個字在我腦中迴旋放大我腦都嗡嗡作響了。婆婆無聲的看著我，我趕忙笑回怎麼會我吃啊。於是太太雲遊到麥當當夢碎，老天爺啊為什麼連一點點小幸福都不願給我～～～（奔入雨中）

　　大家評評理老公是不是在陰我，回想去年也是，彼當時一點家事也不做杯子用完就隨手放桌上的他，在婆家不知怎麼一直在流理台旁想搶我手中的碗說他來洗，就是想在父母面前狠狠弄我一把吧。難怪新年多家暴，要不是過年期間我一直穿著好媳婦的皮囊（對，我回婆家都在畫皮啊）早就失手抄起身邊的硬物狂敲老公了啊，有時我皮畫得太好工程師還會忍不住說「惱婆，妳表現得好好哦。」殊不知我裡面都黑了呀。

　　我把這件事分享給夫妻朋友，結果該位夫也很該死，他雖然口口聲聲說工程師在陰我，但表示有時他有意見跟父母相左時，也會叫太太去溝通，我說你有什麼病幹嘛叫太太去，他說他覺得父母親好像比較聽太太的話，聽完我裡面又黑了，你不知道父母聽太太只是因為她是外人所以客氣嗎（戳太陽穴），人就是這樣（不單是公婆哦我是指所有人），當他逾越本份時就說不用在意啦大家都是一家人，當你把他當自己人所以實話實說時，他可能心裡又想你哪跟蔥竟然來反抗我的決定，叫太太去溝通的結果可能是公婆禮貌上答應了，在背後跟張太太說：「妳知道嗎，我那個媳婦超誇張啊西西蘇蘇西西蘇。」（為什麼我這麼愛妖魔化別人）（按鈴搶答：因為我很賤）

　　有次我和工程師及工哥工妹在打牌，他們就在討論想忤逆公公之計劃，我在旁邊表示我可不姓工恕不參與（他當然不姓工，但大家懂我意思吧），總之滴血認

親時不會融一塊兒的可千萬別跟著去推翻滿清政府，別忘了社會案件中犯人家屬都馬說我孩子很乖只是交到壞朋友，直系血親永遠是好孩子壞的是咱們外人哪～（點菸）（但我是真壞就是）

叫爸媽三步曲

結婚後我一直有個不成材的困擾,就是每逢需要叫公公婆婆時我都無法自然地叫爸或媽,好想問問可以很親暱的呼喚公婆爸媽的人,妳們的這個人生關卡是怎麼突破的。

回想第一次被這個苦惱糾纏是結婚前一天和公公見面,一看到他我很自然的叫了叉伯伯(當然不是叉大家應該知道吧),他老人家用電視劇裡才會出現的表情和口吻說:「還叫我叉伯伯啊(瞇眼笑),該改口叫爸爸囉。」那個摸們我心裡翻了一個好大的白眼翻到都能直視腦漿了,這麼老派的話也說得出來不會害羞嗎,我還以為只有電視裡的人會這樣講咧,我想以後吃感冒藥時公公也會叫我伊頂愛配溫開水吧(干那個什麼事),幹嘛學電視裡的人講話啦吼～～然後隔天這婚一結當晚住到公婆家,一整天要一而再再而三的打照面早上還要請個安,這個稱謂問題就把我給吞沒了,原來要開口叫不是爸媽的人為爸媽竟有這麼難,布萊德彼特跟安潔莉娜裘莉的那堆小孩真是太辛苦了啊(無限同情)。

一開始是把字都怯懦地含嘴裡,就只哼唧不出個準確的音,遇到公公時發一個四聲的音遇到婆婆發一個一聲的,但都只用鼻子發聲兩片嘴唇沒有碰到這樣。後來覺得這招並非長久之計,只好發展出了一個變通法,就是先小小聲聲的講老公的姓氏再大聲接爸爸或媽媽,如此一來覺得沒有背叛自己的父母就是我始終沒有叫別人爸或媽,感覺心裡才有踏實些(我有病嗎)。等矮油的過度期過了我開始嘗試叫爸媽,可試了幾次都無法自然的用叫自己爸媽的方式叫,最後只好用把拔馬麻這種裝可愛叫法,想到老身都快四十歲了還在使用兒語自我感覺就十分不良好,每每叫出來都超想甩自己巴掌的(那就甩啊)。

然後我持續活在叫了把拔馬麻又恨自己的日子中,像《哈利波特》裡的家庭小精靈背叛主人就會自殘一樣,我叫完都好想扯著自己的頭髮用我的臉去

嚕磨石子牆（這招好難）。有天看到一個新聞在講有個女孩兒訂了婚住進對方家，但從來都只叫公婆「喂」不肯叫聲爸爸媽媽，公婆氣在心裡還請親家規勸未果最後竟然為了這件事退婚了，看完我覺得這個女的好硬頸啊說不叫就不叫，看現在被退婚了吧情何以堪哪。世間有同樣困擾的女孩不如試試看我的叫爸媽三步曲，用循序漸進的方式叫應該對事情有幫助，總之該叫的就叫一叫吧免得被退婚哪。（對了婚後我老公有次叫我媽叉太太〔我當然不姓叉大家還是知道吧〕真是帥呆了啊）。

風趣的公公

　　婚後多了對父母這事兒我始終無法習慣，像我至今提到公公時還是會不小心跟老公說「你爸」，說完後又心不安自己還會頓一下，畢竟你爸就是我爸啊怎麼老改不了口（掌嘴），不知道電視機前的已婚人士有沒有跟我一樣的困擾。

　　身為媳婦有個要務就是要聽公婆講話，像我公公一開口他的兩個兒子都愛理不理，就像我爸一開口他的親生子女也不鳥他一樣（掌嘴again），但他們是他親生的我又不是我不能造次，所以只要公公講話我一定認真聆聽畢恭畢敬，一直跟他四目交接，並在適當時機佐以對啊、真的等無意義應答詞。一開始覺得真催眠啊有了這個失眠門診快沒生意了吧，但聽久了聽出興味，發現公公實在是個梗王他太有趣了啊。

　　有次我們在聊買房子，公公說買房子最重要是機緣，然後就說了他會買下現在的家是一個多玄的巧合，就是哪天多了半小時空閒時間走了平常不會走的路，看了覺得美賣就帶媽媽過來看，之間遇到別的買家想來搶，經歷一番小波折但最後還是被他給買到，說到這還有得意洋洋的笑意嘴臉出來，因為故事很長我數度晃神疑似還做了幾個夢，反正重點就是之間有過曲折可買到是注定，就是冥冥之中的緣份不由得你不信這種，這樣的故事結局是什麼呢，不外乎是住進來後一飛沖天家運亨通之類的吧，畢竟他正在講一個老人家的經驗談在教我們怎麼買房啊，結果結局是買了後此地段沒落跌了幾百萬大賠想殺還殺不出，聽完真是休誇悲傷，所以公公覺得最重要的機緣真的值得信賴嗎（沉思），就像告訴小朋友王子和公主打敗了壞心人最後在一起，然後兩人撕破臉還掐死小矮人出氣一樣（小矮人何辜），總之這不是說經驗教育後輩的真諦啊。

　　最近回婆家有餐跟親戚的女兒和她男友吃飯，行前公公特別叮嚀大家萬

萬不可提結婚的事，聽完我覺得公公真是可敬的長者因為老人最愛逼婚了，而我老公竟然有臉說對啊我們家人不愛給人壓力，這話他也真敢講，大家可能不知道我為什麼會突然結婚吧，那是因為有天公公問我們幾月幾號有沒有空，回了有空後他說那就那天結婚吧我訂好宴會廳了，而我們就只好結下去了不然怎麼辦訂金都付了啊，這樣的人說不愛給人壓力有絲毫可信度嗎。回到飯局上（跳一下），到了餐廳發現根本是個宴會廳來著牆上寫了大大的囍字，公公叫大家別提卻選了這家餐廳<u>安捏干丟</u>？這才是個隱形的壓力吧，我正覺得萬分尷尬時親戚和她男友來了，結果人家才一坐下公公就堆上笑臉問：「什麼時候結婚呀？」連招呼也沒先打真是問了一個冷不防，所以他特別提醒我們不要問是怕我們搶了他台詞就是，大家說我的公公是不是為人很風趣啊～

慢吞吞與
急驚風

每到過年人妻我是倍思親（平常都不會想哦），只有到人家家裡住幾天才會深感習慣不同有多矮油，而這些習慣造就出大家不同的性格，像我老公是個慢吞吞的男能而我是像箭一樣的女人，都馬咻一下就射出去了（用來形容男人很不妥），跟慢條斯理的人一起生活真是要我老命。

老公一向承認他家是慢吞吞family，就是公公叫大家準備出門，我要射向客廳時他都會阻止我，差不多磨了半小時再去集合發現客廳還是只有我們，要再乾坐半小時大家才會出現，第一次見識到這件事好想哭為什麼全家人要一起耍我；到現在是習慣了，比較麻煩的是出門前我習慣上個廁所，可往往等到真正踏出家門尿意又來了，絕不是我捧弓容量小，是他們對時間的觀念很不好啊很‧不‧好（唸什麼打油詩呢），老公說因為他們有慢活這個好習慣，可我是箭我不能啊。是說慢吞吞也沒什麼不好，公公的緩慢來自於他對任何事物的小心仔細，其實是個好習慣來著，只是老子是個生性急躁的風速女子，被種在慢活家族裡真的很難以調適心情（點菸）。

有次我們一行七人在咖啡店坐著要等去搭高鐵，公公一聲令下說要出發囉，等我先打個電話，說到這這真是為我詬病的的一個地方，因為外子也是個一次只能做一件事之人，啊嗯勾手機不就是為了讓人邊走邊講的嗎，講話用的是腦和嘴跟腿無關吧又不衝突，老子都可以邊講電話邊看菜單，還用肢體語言示意服務生我要點什麼菜再請他給我杯熱水呢，我就是淡水老街上的一人樂隊啊，一邊吹口琴一邊彈鋼琴腳還在打鈸這樣，一次堅持只做一件事我不能理解，要是公公需要開車就罷他也沒有，一定要講完電話再出發究竟為哪樁。

然後他一邊講電話我一邊把東西都傳好準備衝出門，好不容易掛上電話

此時婆婆突然說那我去上個廁所好了，如果是我親娘我就戳她太陽穴問她剛剛為何不去上，但是婆婆只能說媽小心唷廁所在那邊（指過去）；看著婆婆的背影我一邊發出引擎聲一邊等著衝出門，孰料婆婆回來後嫂嫂接著說那我也去上個廁所好了，那其實是有很多間廁所的地荒，不用一個接著一個去啊好想搖嫂子肩膀，事實上我想把她們都扛在肩上走出去塞進車裡，就算要來回跑五趟也比讓他們自己出發快吧我想。嫂嫂出來後不意外的姑姑也出發去上了，要是以前的我一定說我招我招我全招了，我再也受不了了啊（招什麼呢），但我心境已然平安喜樂拉好手煞車，驛動的心已漸漸平椅伊伊息（吟唱），嫁入慢吞吞family是對急驚風的折磨是我人生的試煉，我寧願被夾手指也不想受這種拖磨啊啊啊（抱頭）。

我到現在都還記得婚前兩家聚餐時，結束後我們全家在餐廳外，想說咦剛不是結完帳大家都站起來拿包包了怎麼沒人出來，困惑了十五分鐘才見親家們走來，想必他們也覺得這家人在急什麼吧，沒辦法溫刀是急驚風家族啊。今年過年在婆家過了緩慢生活，回到台北和急驚風我爸出門變得不適應，他老兄七十歲了跟他出去都是他在前面走我和娘在後面追，去廟裡拜拜人家說要六支香他只拿四支，六個爐只拜四個不知在趕什麼，我聽話的拿了六支剩兩支他還不准我去拜，逼我把那兩支插到天公爐上就好。拜完一間廟花了差不多十分鐘吧，想到初一和公公去拜拜，距離不遠的兩個廟用掉五小時，因為公公把插香當插花，連香都喬得整整齊齊漂漂亮亮的，而家父都把香射進香爐人還站很遠這樣，我一下要適應快一下要適應慢精神很崩潰，公公和爸爸應該加起來除以二才是正常人吧。🥸

小紅の媳婦劇場

HO SHIN BU CINEMA

結婚讓我們
成為了一家（搭肩搖）

　　經過無數次的練習，我現在已經可以有點自然的叫公婆爸爸媽媽了，雖然是只有一點無法全然，但這關都突破了感覺世上沒什麼事兒難得倒我吧（明明大家都叫啊我邀什麼功），只是有件事我至今無法習慣，就是結婚後需要把別人家當自己家這件事。

　　實不相瞞每次回公婆家我都十分矮油，就覺得待在房裡也不是坐在客廳也不自在，在惱公家我就是沒根的浮萍超沒歸屬感的啊。不習慣就算了這是我自己的心魔，我試過再怎麼努力想忘卻那種疏離感，都還是會忍不住會有種入侵別人家的港覺，畢竟那是人家家啊，人家在裡面照著自己的意思住得舒舒服服的，突然有個外人闖入本來住裡面的人也會覺得不方便吧。比如說我就在屬於兄嫂樓層的廁所拾獲一枚蕾絲小褲（好啦我沒拾），沒想到嫂嫂嫻靜的外表下竟有這麼狂野的內在，許是身為職業婦女回家還要帶小孩，所以才會穿這樣只有網沒有布的乃口，圖一個一洗馬上就會乾的效率吧（幹嘛猜這個呢）；透明褲的驚魂還未定呢，隔天坐在沙發上就發現我身旁坐著一付不辣甲，雖然內衣褲東丟西放有點羞，但這是人家家咩亂放東西也很自然，是我不該坐在裡面啊。

　　擔藍凡事有來必有往，我會入侵人家家人家也會入侵到我家，誰叫結婚讓我們成為了一家（搭肩搖）。其實婚前公公就約親戚來參觀我家過，那時我覺得好納悶，溫刀這麼小幹嘛約一堆人來導覽（羞）。有次老公則是無預警的帶上哥哥回家殺我一個措手不及，剛好隔天有拍照工作我攤了一個行李箱在客廳，惱公隨口解釋說我明天要加班，這是工作要用的，可是（停頓），行李上面浮著一朵nubra啊啊啊（抱頭），哥哥並不知道在下身為暢銷女作家（撥瀏海）這個隱藏身份，想必正在思考著我一介會計小姐加班為什麼要用nubra吧

是要去演蚌精嗎？（那殼也太小）還是要頂在頭上演沙悟淨呢（不要再想惹～～～〔搖自己肩膀〕）；友人叫我不要憂心哥哥或許會以為那是海蜇皮，可加班為什麼要帶海蜇皮為什麼（抱頭），我讓哥哥瞧見我的nubra我不想活了啊啊啊～～～（滿地打滾）

　　但這份被看到蚌精的羞憤心情馬上就被蓋過了，因為我頭一抬發現天上還晾著兩件<u>不辣甲</u>，沒辦法內湖溼氣重，東西想乾還是要晾在房裡，反正家裡只有我和老公難看一點有什麼差，晾時的心情就是這樣的啊。打牌時老公都說二筒是奶罩，<u>哥葛</u>今天看到弟妹的六筒不知道是什麼心情，想到<u>彼當時</u>巧遇嫂嫂的底褲，我誠摯的邀請惱公去觀賞但他不要的往事，你看，現在老婆的二筒們被人看光光他沒看回來這不是虧大了嗎，但為什麼婚後就要走別人家<u>甘哪走灶咖</u>啊（無語問蒼天）。〰

大家都
不敲門的嗎？

有天在和女生朋友們聊天，大家聊到最不能接受老公在家的什麼行為，很意外在座四個人裡有三個不能接受老公在家只穿內褲，身為唯一接受的一個，我想縮男人不都是一回家就脫外褲的嗎，我是覺得還ok啊，我比較不能接受老公回婆家時也只穿內褲，就算他是待在房間裡沒有滿屋子巡邏我也覺某蓋厚，為什麼會有這樣的雙重標準請大家繼續看下去。

這件事困擾了我很久，直到現在閉起眼我腦海裡都還會有畫面，話說最近一次回婆家過年時，因為老公長年在外所以婆婆非常想念他，有天晚上他在玩哎配我在打電腦，冷不防的婆婆就推門進來，那個摸們我其實有嚇一小跳，萬一當時他疊在我身上怎麼辦（疊著幹嘛呢），你可能會問那幹嘛不鎖門，可我又擔心萬一鎖門婆婆推不開，就會幻想他疊在我身上那又怎麼辦（我先天下之憂而憂）。婆婆一進來直接坐在床邊跟惱公聊天，而我坐在遠方看著他們是千頭萬緒，因為惱公下身只著四角內褲而褲腳似乎跑了點東西出來，沒辦法他腿太細了顯得褲管過大鈴鐺一定會掉粗乃，而且他坐姿豪邁腿還張很開，就是無論你從任何方向看過去都會發現他的鈴鐺也在看你那樣，這樣怎麼走都看著你不就是對蒙娜麗莎的鈴鐺嗎，婆婆再怎麼老眼昏花應該都會看到的啊～～～（抱頭）婆婆一離開我馬上跟老公報告他的囊部出門了一事，希望他以後即使在房間也要穿上外褲免得它又出來蹓躂，但他瀟灑的說沒關係啦那是他媽什麼沒見過，問題是他已經不是小朋友了可以這樣嗎！還有婆婆為何不敲門，有敲他至少可以先夾著啊～

但寫完婆婆的閒話後我仔細想了想，覺得可能是老人家都不愛敲門不是只有我婆婆，主要也是怕大家覺得我是不孝媳公開說婆婆壞話，所以只好把家父也不敲門的事抖吃來了。想想應該是十年前的事了啊（遠目），那陣子我

剛好失戀心情很不好，有天就趴在床上和朋友講電話邊講邊哭沒辦法就失戀了咩，平常我關在房裡我爸是絕對不會進來的，有事也會用喊的在門外跟我說，想想自從女兒們都長大成人後爸爸好像就很少進我們房間了縮。那天可能是想關懷一下失戀的女兒吧，總之我爸就推門進來了，當時我趴在床上拿著電話一臉淚痕抬頭起來和他四目交接，然後就發現了一件事就是我的屁股涼涼的，我在家都是穿著一件式睡裙的，長度雖然有及膝但可能是因為我趴著它就翻起來了，家父看到一臉淚的女兒和她的屁股後默默的退出房門，應該有在後悔為什麼不敲門吧實在太尷尬了啊。

　　接著過了十幾年記得敲門的生活，到了我結婚時在高雄我們一家住在飯店裡，迎娶當天兵慌馬亂的大家都在轉來轉去準備東準備西，只有老父沒事做一直背剪雙手走來走去。就在我跳進禮服正把它往上拉的摸們，家父左手背在背後右手開門，以一個訓導主任視察大家有沒有乖乖的姿態推開我房門，我照樣是頭抬起來和他四目交接而我身上只有nubra啊（國劇甩頭），不幸中之大幸是那時奶罩已經貼好了，不然就是六目相交連我的奶頭都一起盯著我爸看，如果真發生這種事我也不想活了啊。想到我有個前男友的媽媽超覥靦的，明明就一個在客廳一個在房間想找他時也不敲門會用打電話的，真是過與不及的例字他們兩應該加起來除以二才是正常人呀。　♨

小紅の媳婦劇場

HO SHIN BU CINEMA

生母和親家母

首先一定要鄭重聲明我跟婆婆沒有嫌隙我是很敬愛婆婆的，雖然我發現我講大家都會覺得我這是此地無銀三百兩，所有人都更覺得我跟婆婆有不悅吧，但其實真的沒有我們是母慈女孝兒友弟恭的，你要不信哇馬某花兜啦（兩手一攤）。

聲明完了進入主題（跳一下），我這人向來有社交障礙不是很擅長講電話，尤其是跟不熟的人，硬要講電話是一整個尷尬，所以我常看著響著的電話發呆深呼吸做心理建設，只差沒像直銷公司那樣對自己喊口號了，「我知道我可以！」、「戰勝自己，你是最棒的！！」電話是同輩打來的就罷了，可以用冷漠草草的結束掉通話，可這招遇到長輩可是行不通的，尤其是後天父母公公婆婆啊。有個颱風天剛好老公出國，前一天下午我看到來電顯示為公公，先深呼吸看著電話三秒鐘，然後從心底散發出甜意和敬意，一接起來用幼幼台姊接的聲音說：「把拔啊（尾音拉長）。」通常我親生的爸打來我都是直接說：「怎樣。」這就是先天爹和後天爹的差別。結果是婆婆打來關心家中近況問我有沒有做好防颱準備，雖然也沒說什麼但電話一掛我靈魂的重量都輕了一點，沒辦法我真的很不會跟人講電話尤其對方還是婆婆呀。

接著這兩天內婆婆打了三通電話來關心颱風每次聊到最後都好尷尬，因為其實婆婆也是不擅交際之人，研判這電話是公公逼她打她只好打來的，試問兩個社交方面都有困擾的人要如何相談甚歡？我不禁羨慕起跟婆婆有話聊的人，比如我有個朋友會跟婆婆單獨出門逛街一起去按摩，這點臣妾真的辦不到辦不到啊。然後我想到有個前男友的媽媽很愛打給我，她會瞞著兒子偷打給我聊天說要約我媽見面，平常還會動不動就寫e-mail給我，有時是單純閒聊的信有時是網路轉寄的信，可由於她是男友的老木我只好每一封都認真

回，連那種靜思語都要回一個：「好有道理哦。」這樣，現在想到當時的自己就覺得好軟弱我真沒用。

　　不過相較於關心我的婆婆，我的生母整個颱風天都沒理我，隔天起床我憂心家裡情況連絡了在家的弟弟，才知道家母一大早就出門去打牌了，那天停電老木還是一步一腳印的走下八樓冒著風雨直奔牌咖家，完全沒在在意獨自在家力抗風颱的女兒，和生母比起來親家母實在太溫情了，為了回報我一定要培養出和婆婆的共同話題，婆婆等我蛤（握拳）。

後記：對不起我說謊，我還是無法用熱情澎湃的心情回應婆婆對我的心意，而且我發展出了應付婆婆電話的方法，就是敵不動我不動她不開口我也就完全不開口，因為我參透了婆婆都是被公公逼著打來的其實她也沒什麼話跟我講，以前為了怕尷尬我都會一直亂問候閒扯就是不讓通話有空白，現在我就是叫了媽後不講話，然後婆婆也沒話講啊，於是這通電話是一個長長的沉默，就讓孤寂把我倆吞噬我寂寞寂寞就好，我在猜掛了電話後婆婆還會生公公一頓悶氣吧，結局就是婆婆現在超少打給我的，所以這個方法不錯，也怕跟人交官的可以試試這個必殺技哦。

姻親的無奈

　　結婚後深深覺得姻親是世上最無奈的親屬關係，請別誤會不是說我的姻親多嚇人，而是私以為親戚關係本來就挺麻煩，光想到這是二阿姨那是三姑丈然後明明都認不太得臉就頭疼（這是我自己臉盲症的問題吧），逢年過節不小心遇到還要被逼著閒聊真是讓我死了吧，婚後還增加了完全不熟的但硬是要稱之為一家人，想想不覺得十分矮油嗎。

　　其實我這麼說是為我娘發聲（為了保有好媳婦形象趕緊撇清關係），因為家母是個有社交障礙之人，我曾看過她說要出門包包都揹起來了，但半個小時過去她還勾著包包窩在客廳，問她不是要出去嗎怎麼還在這，她說看到巷口有一群鄰居太太正在閒聊，貿然出去的下場就是一直打招呼假笑她覺得很煩，運氣不好還要被抓著一起聊，所以要在家避風頭等她們回家睡午覺再出門，大家評評理這位婦人是不是很彆扭（其實我也是啦）。

　　哇ㄟ老木就是這麼不愛與人交際，偏偏我有個他滴熱鵝情（哈）好像那一把火的公公，他燃燒了整個沙啊漠ㄈㄈㄈ（狂野甩頭髮）（天哪我公公是光頭，如果不幸他看到這篇會不會覺得不孝媳在諷刺他）（幸好我是寫光頭不是禿頭）（夠了，越描越黑啊）。之前公公每次打來說要跟我媽講話，我都拿著話筒用嘴型表示這是我公公，然後訕笑的拿話筒給我媽，我媽也會苦瓜臉的走來，深呼吸後堆上假笑臉，打一堆哈哈說一些嗯啊嗯啊有閒再來坐之類的話，掛上電話顯示為虛脫，談的內容不外是什麼節就祝什麼節快樂／天氣怎樣要小心／有空請務必要來高雄玩，可以安排行程之類，就是不熟之人勉強要聊天的那些話題，雖然這是再正常不過是禮貌，可我就說了家母社交障礙咩，她無法承受這種熱情鄉親式的攻擊啊。

我把這件事跟友人分享，她說她爸爸和公公打從她們結婚以來，每年都會互相承諾「好，我們會上台北給你請。」、「是，一定會下南投找親家泡茶。」可說了幾年他們上次見面根本還是兩人結婚那天啊，這樣虛無的客套大概講了五年就戒掉了，反正雙方都知道只是社交語言，看來跟姻親交陪這條路上我娘還有幾年路要走，就幫她加油加油囉。♨

後記：這篇和上篇一起讀後深深感到筆者跟筆者的娘個性都很彆扭（我就我幹嘛裝神弄鬼寫什麼筆者呢），有天我跟家母美雲分享了婆婆打來我不主動講話的事，她責怪我怎麼可以這樣，醉郎ㄟ新ㄅㄨ嘴要甜一點，並且下海示範了空中和婆婆對話教室（←空中英語教室分枝來著），「媽～最近家裡人都好嗎？」、「媽～等老公回來再回家看您。」我指責她妳這個女人也太虛偽了吧，明明遇到妳的親家公也很慌只會嗯嗯啊啊，她羞怯的說每個人有每個人的個性嘛（害羞笑），那幹嘛逼我啊！

媳婦的試煉

　　自古以來送禮都是件不容易的事，如何能在可接受的預算下，買到自己感到得意別人也會喜歡的東西是門高深的學問，挖空心思買到的要是對方也喜歡那就超開心，要是對方根本不喜歡或用不著難免要失落一下下，總之對我來說買禮物就是這麼一件讓人心情大起大落的事。不過最近我體會到了比買禮物更叫人頭疼的事，那就是買婆婆的禮物，這是身為新科媳婦的試煉，是人生中的一個大考驗哪。

　　本來我並不覺這事兒有什麼困難，因為我婆婆個性非常的溫和好相處，並不是鄉土劇裡的那種惡婆婆，所以理論上來說買禮物並不會造成什麼壓力，事前我是這樣想的啦。去年婆婆生日我送了一只中等名牌包，這是和朋友討論出來的結果，就是包包這種東西太貴買不起太低調老人家不見得看得懂，而且太貴還有另一層壓力，就是婆婆可能會對我有敗家女的印象，覺得我在亂花她兒子的血汗錢這樣；但路邊亂買便宜貨又某蓋厚，畢竟有點小小的牌子比較能滿足虛榮心，可以跟隔壁張太太說這是我媳婦兒送的，張太會說哇妳媳婦兒好孝順這樣（自己腦海裡為什麼要演這個小劇場）。

　　總之最後我買了應該稱不上名牌的名牌包Coach，價錢也算親切差不多八千多好像，雖然這超出本人平常花錢的預算，但為了巴結婆婆牙一咬就買了唄；結果惱公說我這樣不是會給嫂嫂壓力嗎實在太不會做人，原來買禮物不只跟自己和對方有關，還跟不太相干的第三者有關就是，做人也未免太辛苦了吧。送禮那天我剛好有事沒去，聽說禮物送出後妹妹脫口而出「哇～二嫂好有錢」，所以我精挑細選還是落了個敗家女之印象，結論是妳敗不敗家這把尺在每個人心中刻度都不同，所以也不用擔心別人會怎麼想了，因為擔心是沒用的啊～（點菸）

今年過年我想說既然包包是奢華品那買鍋好了，送個實用的東西總不會被說話了吧，我媽很愛去百貨公司逛鍋子所以老人應該都愛，於是我買了一個無油無水健康鍋給婆婆，想縮又實用又健康老人家應該會喜歡的。沒想到我一po上網網友就告訴我送鍋太險，有著指揮婆婆去做飯給我吃的含意，我想哪有啊是網友在嚇唬我吧，然後就有人說她嫂嫂也送她媽媽鍋，媽媽笑著收下後轉個頭換上陳莎莉的面具（她是萬年惡婆婆典範太年輕的可能不認識吧），說送鍋給我該不是要我煮飯伺候她吧（晚娘臉）！說得如此傳神看來送鍋真的有這層意思在，包也不能送鍋也不能送那到底要送婆婆什麼啊（拔頭髮），媳婦人生的關卡未免也太多了呀（已禿）。

小紅の媳婦劇場

HO SHIN BU CINEMA

**新婚媳婦的
婆家生活**

出嫁後第一年因為要返鄉掃墓所以回到婆家住了一天，那時才嫁沒多久我仍不習慣那個家，不過我想大家其實也不習慣我在家吧。

一回家叫了人後禮貌的坐在客廳，婆婆和小姑輪番把水果盤推到我前面來給我吃，就是我如果說不用了，五分鐘後因為沒話講會再來問我一次那種；然後妹妹的孩子被逼著要來叫我舅媽，一邊教他還要一邊說：「還認得台北舅媽嗎？」我心想當然不認得，他只是個五六歲的孩子記性最好這麼好，幹嘛一定要逼小孩認人啊。接下來是哥哥的孩子被抱來強迫叫我嬸嬸，當然也不忘簡介我是台北來的嬸嬸，啊嗯勾這孩子才一歲半左右爸媽爺奶都還不會叫咧，要是她真的叫了嬸嬸那像話嗎，就像孩子還不會叫爸爸先會叫了隔壁老王那多尷尬（真要這樣太太會眼神閃爍吧），追根究柢是大家沒話跟我講，只好藉著孩子搭起友誼的橋樑。

因為是清明節家裡做了潤餅，先是婆婆叫我吃我說等一下好了還不餓，沒五分鐘是公公來叫我吃我說等等吧謝謝爸爸我待會兒吃，接下來小姑就端著盤子來問我怎麼不吃潤餅好啦我吃我吃我馬上吃（腦波弱），吃完被問怎麼不喝湯喝完被問為何不吃菜吃完又被問湯呢湯呢要不要來一碗，喝下去後又被說嫂嫂怎麼都沒吃，為何大家一靜下來就要催我吃東西，難道我肚子太大他們以為我懷孕了要一人吃兩人補嗎（疑神疑鬼）。因為一直被問吃飯的事我發展出一套應對的法門，大家看過動物園裡的駱駝吧，沒看過的下次請去品味一下，就是牠們老像是在嚼口香糖嘴巴一直在動（還是牠們真的在吃Extra因為還沒下班但累了，聽說圓仔上班也很累啊），反正我就像駱駝一樣一直空嚼做一個偽吃飯的動作，免得吃菜喝湯的問題一直生生不息，我在想事後大家會不會說嫂子怎麼吃個沒完難怪這麼胖，婆婆還去跟張太太說：「我那個媳婦啊～吃個不

停我還以為懷孕了，結果等了半天連蛋都生不出一個，原來只是胖啊<u>西西蘇蘇西西蘇</u>」(幹嘛這樣抹黑婆婆)，我猜我這個外人的存在也讓大家很焦慮吧，不然幹嘛一直關注我啊。

　　吃完飯坐在客廳看電視，電視不精采時又是一場把孩子推來叫嬸嬸的遊戲；好不容易逃離這一切回房梳洗，洗完正要出來時我耳尖聽到房間裡有嬰兒聲，為了避免孩子又被逼著叫嬸嬸我還在浴室蹉跎了一下，想想這就是每次回婆家的大輪迴，很擔心哪天孩子會叫嬸嬸了大家沒得玩那要聊什麼啊(焦慮)。結果說時遲那時快孩子現在已經會叫嬸嬸了，最近的新娛樂是在我們面前問她叔叔叫什麼名字嬸嬸叫什麼名字，孩子小小年紀就要被逼著背這麼無謂的東西實在好心酸啊(拭淚)。🥸

掃墓記　上集

雖然老子年紀不小但在掃墓這塊還是涉世未深，小時候偶爾聽同學講掃墓的事我都好害怕，要站在一片墳墓裡想到就雙腿一軟，感覺陰森森的回到家後會覺得肩膀很硬吧（鬼片看太多），墓地裡不是都會有很多鬼故事嗎，有時明明只是經過沒走進去王小鳳就跟著你回家了啊（老派思想，太年輕的人是不會了解的回去問你媽誰是王小鳳吧）。我的家人身體都很硬朗，所以一直到二十幾歲才進行過掃墓行為，沒有從小接觸因此更是膽怯；加上我們是掃靈骨塔墓感更少，不過在下天生無膽就算是清新明亮的靈骨塔每次去我都還是怕得要命只想快快離開，但嫁出去的女兒就是別人家的人了，聽說公公是極愛掃墓之人我再也無法逃避墓地，在婚後的第一個清明節前夕我壓力好大，大到不存在的菸癮都要犯了啊。

老公說他們掃墓很精實是要站在墓上拿鐮刀割草那種，我問是不是空軍公墓那種水泥做得整整齊齊的墓他說當然不是，是在山上沒有排列整齊去時一不小心還會踩到別人那種（驚！）；因為是一堆土遇到下雨總會流失，公公會命令大家去別處挖土把自己家的補到蓬蓬的那樣，聽到這個我更是立馬進行了一場國劇甩頭，怎麼在墓地可以任意挖土的嗎，這樣亂挖不會把別人的祖先挖出來嗎（奔潰）。

其實之前有想過我不要跟命運低頭我要主宰自己的人生！聽說過孕婦是不能掃墓的，然後生完孩子後要在家帶孩子所以也不用掃，所以我有計劃要在清明節前趕快受孕，那這輩子就可以高枕無憂不用進入墓園了；無奈老身都快四十歲老成這樣就算在危險期從事了很多危險行為（此處當然不是指穿越平交道或是颱風天去觀浪這種），還是沒能趕在清明節前順利著床我恨（搥牆）。

所以做人失敗的我勢必得要去掃墓了，而且是去掃其實不認識人的墓，

想到女人一結婚連祖先都換了我就好想大哭。對了，掃墓前還看到一個新聞說有人掃墓被經過的雨傘節咬了一口，原來墓地除了有鬼還有蛇，我真的非常怕鬼也非常怕蛇啊～～～～還是說我應該在每年的三月底上演負氣回娘家戲碼呢（是有這麼不想掃嗎），當媳婦真不是件輕鬆的差事啊（悲鳴）～～（背景音樂：說了一句我願意，墓仔埔也得去～）♏

小紅の媳婦劇場

HO SHIN BU CINEMA

掃墓記　下集

　　上一篇是萬分恐懼的掃墓前ㄟ心聲，這篇則是四十年來第一次進墓地的掃墓開箱文（開箱妥當嗎），其實掃墓並沒有幻想世界中那樣嚇人。

　　那天是個下雨天，一行十二人先去靈骨塔拜了一下，說到這不得不提一下家父是個掃墓控，就是如果祖先存放的靈骨塔有辦什麼中元或清明活動，他一定會在活動開始就去熱情參與到結束，但靈骨塔眞的沒啥好整的啊就是在原地枯坐四小時這樣，到底是有必要這麼執著嗎；聽外子說公公也是個掃墓狂人，一般人一年掃一次但我公公一年是三次起跳風雨無阻，這次我打算要來比較一下誰能奪得掃墓王寶座，看看糾竟是崔粗腿的腿粗還是崔腿粗的腿粗啊（好老派的笑話！）。

　　公公很多禮，在靈骨塔前會跟祖先唱完在場一十二個人的名還有大家的稱謂（比如您的女兒誰誰誰您的孫子誰誰誰和他的老婆誰誰誰），對了還講了今天是國曆幾月幾號農曆幾月幾號又是星期幾（不用講這麼細吧！），因爲大家時間方便所以提前來掃墓等等，曾孫也有來哦，但希望祖先看看就好不要去摸他們，講完一長串不忘問其他眾人有沒有要講什麼，眞是個好愛跟祖先抬槓的老人家。

　　掃完靈骨塔後惱公說重頭戲來了，一行人回家拿了一堆工具改開貨車，我看了一下有鏟子鐮刀水桶修樹的大剪刀以及手套十數雙還有一大桶的水，竟然有鏟子其實是要去盜墓吧。幾台車先駛入一條兩旁都是墓地的山路，駛到後面停下來大家一起改搭貨車，就是在載冰箱那種後面開放式的車，快十個人蹲在後面車子穿過一片矮樹林，一路上老公一直叫我要小心會被樹枝刮到頭，我則是想著老子不是時尚女作家台灣之凱莉不來蕭嗎（是有誰封過我嗎），人生的舞台爲什麼會演到這一段啊（問蒼天）。

　　長這麼大一直到這天我才仔細端詳過墳墓，一般墓不是上面都有著綠油

油的短草聽說那叫韓國草,可老公家的墓沒有那層上面的雜草長到半天高,公公解釋說韓國草雖然可以抑制雜草,但要常澆水會讓墳變太溼所以咱們不用,老公則說爸爸以前告訴他韓國草是懶人用的,而他們是掃墓界的勤勉人他們可以常去割草所以韓國草OUT(指門外),第一回合看下來公公好像對掃墓比較講究公公加一分,家父實在太遜了希望他加油好嗎。

到了後有人開始擺工具有人幫嬰兒搭好野餐區,戴上手套大夥兒開始幫奶奶整理家園,看到老公在割草我很神往好想上去割,可大家聯合起來不讓我上去可能怕我不小心砍斷前面人的腳筋吧,總之我就在前面掃地做一些娘兒們的活,嫂嫂則坐在正前方餵嬰兒吃飯感覺好微妙。

掃完地後看到老公和哥哥在挖土補墳維持祖先房子的蓬度我沒事就去幫忙挖,挖土是個看似輕鬆其實頗累的工作,工程師語重心長的告訴我現在知道殺人容易埋人難了吧,這個警世小語獻給所有人希望大家明白歹路不可行蛤~掃完地補完土還跪在地上把墓擦到不拾不拾,一切完工我以為結束了但其實沒有的,公公把帶上去的貢品擺好一家子跪在土地公前人手一柱香,除了像上一攤那樣把所有家人的名字唸過一輪外,依舊說了今天是國曆幾月幾號農曆幾月幾號又是星期幾,我們帶了西瓜、麵包、鳳梨酥、雞蛋總之就是把帶來的所有物品都唸過一輪,公公是個講話很慢的人加上品項又多唸得我好焦慮,就是那種看著這個東西但一時想不起它叫什麼仍拼命在想的支支吾吾的感覺,此時我心中的搶答鈴都要按到故障惹,拜託讓我幫您講吧(滾來滾去)。

拜完是土地公用膳時間,大家夥也無聊焦點自然轉到了嬰兒身上(如果家裡有嫁不掉的老小姐的話可能才能搶去一點兒嬰兒的風采,當老小姐這麼多年有一直感受到親戚的死八賴都打在老小姐身上啊~),大人最愛幹嘛呢就是叫嬰兒表演所有他

會的東西比如裝可愛或跳舞，此時有位姑姑放起騎馬舞的音樂，墓地上就有一個嬰兒一個幼兒大跳騎馬舞而我看了頭好痛，鄙人一向沒有很在意這種流行尖端的東西，今天就算PSY本人在我面前跳我也不會多看他一眼何況是兩個我不太熟的小孩捏，音樂放得超大聲四周都是墓而我坐在墓上看小孩跳騎馬舞（其實只是在蠕動），這是怎樣一個情形老娘不是逮丸ㄟ凱莉不來蕭嗎（真的不是的）！更該死的是因為感覺荒唐我看得很入神差點想要攝影了，姑姑冷不防飄來我身邊把眼睛笑彎彎的說：「這麼喜歡小孩子什麼時候要生一個自己的啊？」我心想也不是多愛啦盯著瞧只是生理反應，不然難道我要在祖先面前用掃堂腿掃孩子嗎。

　　然後土地公吃完換祖先吃一樣的台詞全都再講一次，走完流程後我意識到自己從一個愛掃墓的家庭嫁到更愛掃墓的家庭惹，我想這就是我的宿命吧我會順從地接受它的（輕吐煙圈）。　♨

3

好媳婦話題

求子夫妻的
家庭生活

當受精變成人生唯一的目標，
才知道老蚌拚生子是條坎坷的路，
當休閒娛樂變成一項著床任務，
人妻要如何面對這排山倒海的壓力？
我只是想把肚子搞大為什麼這麼難啊))))))

中年人妻
ㄟ逼哀

　　題目這樣寫可能意思不是很對，我所指的並不是中年太太，而是中年才結婚的女人也就是哇奔郎，這幾個月來當了新手人妻方知晚婚的苦處，不如今天在此跟大家分享一下。

　　一直以來都有很多女性讀者跟我投訴她們不是被逼婚就是被逼生，問我遇到這種狀況該怎麼辦，一般來說遇到了我會順著對方不會反抗，比如之前被問何時要結婚就說我也很想啊只是沒人要娶（苦瓜臉），現在被問何時生小孩則說我們有在努力了只是我老了不好生（兩手一攤），通常聽到這樣淒苦的答案對方就不會再說什麼，千萬不要去跟長輩爭論妳是不婚主義或是妳打算三年後生，這樣一說肯定會招來嘮叨攻擊何必呢。是說在以往的人生我遇到這類問句的情況還真是少，可這婚一結下去就不同了，身為新婚老蚌（撥瀏海）（老實說還銷得出我真的很感激上天），我的子宮似乎變成婆婆媽媽嬸嬸阿姨們關注的景點，就是打到照面就必然會問懷孕的事，而且不會是個問句會是個綿延千萬里的議題，簡單的說就是我開始得聽她們講怎麼受孕的事，我想八成因為老身年紀大了的關係，如果我是個二十六七歲的女孩，應該不至於會一結婚就被催生吧。

　　有天家母打給我，冷不防的問我現在有在避孕嗎，雖然我總是跟萬千網友分享下面的事但我真的不想跟自己媽媽談論啊（抱頭）。接著她顯然想跟我聊懷孕但我無法跟母親討論中出之事我辦不到（我就聽過她跟我姊聊屬虎的女生幾月He囉可以生男幾月可以生女之議題，如果這不是愚婦那什麼才是愚婦），我試著岔開話題說這週沒空回娘家了，因為下禮拜惱公要出差等等，媽馬接著說：「哦～他最近比較忙可能沒……」這沒字一出我又趕快插話，深怕她要接沒心情或是沒體力或是沒……我也不知道還能沒什麼，但我真的不想跟媽媽聊這個啊

啊啊～～～幸好我打斷她的話了，如果下次再問可能只能打斷她的腿了吧。

　　沒多久有天接到婆婆的電話，我婆婆鮮少打給我的我想縮家裡有什麼要緊事兒嗎，結果她語氣曖昧的說：「爸爸說啊，如果妳那個的話我們可以幫妳帶……」我當然知道那個是哪個但還是忍不住問說：「媽，哪個啊？」沒辦法誰叫我是小淘氣，還有重點是我根本也沒內個是有急成這樣嗎。上禮拜我回娘家娘親把我叫去廚房問我如果有機會願不願意喝一些中藥湯，只是促進氣血循環啦不是真的中藥她還這樣強調，但不用想一定是包生子藥湯當我是傻的嗎，我想說先答應了再說免得被唸就說好啊，接著她手一指就像魔術一般旁邊就有一鍋了，原來湯早熬好了問什麼問（翻白眼）。然後呢我的爸爸惱公和弟弟為了配合哇ㄟ子宮只好跟著喝很難喝的補湯，惱公為了討好丈母娘還說很好喝啊可明明拍拎嘎哨系，重點是那天三十幾度高溫但我們在進補，體質燥熱點的會流鼻血吧痔瘡都開花了；都怪我七老八十才結婚拖累全家，我對不起大家啊啊啊～🥸

老蚌的心聲

前陣子惱公去日本出差，出發前公婆致電叮嚀日本現在有叉叉病毒要小心，去公共場合千萬記得戴口罩，電話掛掉五分鐘後又打來，二度叮嚀這種病毒對孕婦非常危險萬萬不可把它帶回來，家姊研判這是老人家想刺探我有沒有身的舉動讓我好自責，鄙人空長了一尊看起來很會生的咔稱，讓老人家充滿希望卻一再失望我沒用（搥肚頓足）。

其實除了骨盆腔比正常人遼闊很多外，之前有次陪朋友去給人看命盤，算命仙說友人子女運頗差近於零，然後對著旁邊的我說：「妳啊，如果不想生就千萬要避孕，不然很容易一直生哦。」你看不避就生個沒完老子根本是豬母命格所以想懷孕理應很容易，以前的我是這樣想的，直到這幾個月才發現原來著床沒那麼簡單，並不是把叉叉放進圈圈裡再吐出一點＊＊就能成事，老蚌拼生子是條艱辛的路哪～

首先呢為了培養良好的孕體我這幾個月來麻辣鍋都只點中辣（好虛弱的養生法），本以為這樣就夠了但顯然是不行，後來聽很多朋友說他們的出生都是因為媽媽倒立所以才懷上（媽媽為何要跟孩子分享這種事！），我覺得很沒根據會過去的就是會過去啊難道要這樣推它一把攙扶它過去嗎，啊嗯勾我的朋友說她也是用此法這是醫生建議的，有的人的某處長得比較高精蟲游不過去所以必須加以輔助，不是每隻蟲都願意翻山越嶺就是蟲根本跟他爹一樣懶（順便罵老公）。除了倒立外我還接收了友人的好孕棉，聽說孕婦最後一次用過的衛生棉（是那包裡其它的不是一片血淋淋的）對助孕有妙不可言的功效，所以我也要了一片來放在枕頭底下，是說吾友很強她四十歲了還能不努力就自然的懷上，現在我心中都尊稱她為生殖女神，女神加持過的好孕棉應該超好運的吧，但其實也妹有我的肚子裡還是只有宿便啊（大哭）。

最近有人教我用排卵試紙，我研究了一下用法發現很搞缸，不是泡在尿裡幾分鐘後去看結果，是尿下去後要盯著它瞧，會出現兩條線要看它們的顏色變化和哪一條比較快出來，一天要用三次還要跟之前的比顏色，所以要把所有尿過的都存著嗎（疑惑）；此法能測出排卵高峰期黃金幾小時，想到時間到要把手邊一切事情排開立刻性交我壓力就好大，大到不存在的菸癮都犯了。苦惱的是所有人都說壓力大是著不了床的，每個人都是決定放棄後就懷上，也就是說孕神很頑皮想要祂就不給妳就是，想想也是社會上老是有女學生懷孕的新聞，也就是說不想懷的人比較容易懷，所以我現在在那個時都帶著女學生的心情（女學生到底是什麼心情）看能不能欺瞞老天，此法施行了幾次還是妹有，會不會是孕神發現到我枕頭底下的好孕棉了知道我在騙祂呢，不然下次綁兩條辮子穿百褶裙那個好了，老蚌想生珠著實不易還要粉墨登場，奉勸年輕人趁早著床蛤（語重心長）～👨

做一休一
計劃啟動

　　我本來就有打算一結婚立刻懷孕的，畢竟老身年紀大了卵子也在逐漸凋零中，再拖下去只會跟著床漸行漸遠，然而懷孕這種事根據本人人生中的所見所聞來看，真正想懷的人不能只一個勁兒的do it要有計劃的嘟，只有那些不想懷的高中生或是《甄嬛傳》裡的眉姐接才會隨便做隨便懷（也可能是溫太醫的種太強），我等急著想生的人是再怎麼嘟也嘟不出個蛋來的，沒辦划這就是人生哪 C'est la vie（點菸）～

　　有位醫生友人告訴我，想懷不能靠蠻幹一定要智取，如果對用排卵試紙覺得難以上手的話，先把下次姨媽來襲的前十四天定為排卵日，然後在這天的前五天和後四天連當天也加進去，這十天內進行做一休一計劃，因為天天做精子的質量也不會好，這樣做下來如果身體沒什麼問題的話，其實受孕機率是不低的叫我試試看。當天回家我就跟惱公以研討會的形式討論了這項計劃，該位會員不意外的表示他天天嘟也可以，質量並不會受到時間空間以及次數的限制（邊說邊做出大力水手秀肌肉的手勢），此提議當然立馬被駁回了，你有那個體力我可沒那心情，老子可是忙碌的職業婦女光想皮就破了（是的我皮比較嫩），白天要扇班晚上要寫稿半夜還要天天被衝撞我到底上輩子造了什麼孽啊。

　　反正呢這個計劃就在某個危險期啟動了，為了製造緊張感就叫它中出任務吧，像駭客任務或黃石任務一樣威有沒有（並沒有）。計劃啟動後不知怎的下班回家後的氣氛變得很怪，我雖然照樣忙我的跟平常日子沒什麼兩樣，可明顯的感受到我的組員一直繞著我轉，如果跟他眼神對到他還會害羞閃避真是很欠殺。是說他是一個對洗澡這件事很淡薄的人，就是我如果不特別提醒他說要洗澡哦，他就會當做世上沒這件事先睡了隔天才洗，我嗆過他很多次可他依然故我，就是如果我有提醒他他會洗沒講的話就肯定不會洗，待我隔

天發現他沒洗質問他時，他才得意洋洋的說因爲妳昨天沒講啊，你看，先生這麼頑劣太太怎麼會有心情那個呢！

　　離題，回到中出計劃上（跳一下），計劃啓動後組員除了一直想跟我眉來眼去外，晚上還會破例的自動自發去洗澡，進廁所前會說「老婆，我去洗澡了唷（抖眉毛＋一抹神祕的微笑）。」因爲溫刀是樓中樓，有時我人在二樓而他在一樓，他還會特別站到可以跟我眼神交流的位置，告訴我他去洗澡了然後不忘抖眉毛＋一抹神祕的微笑，每次他這樣做時我都很想對著他去廁所的背影射出飛刀（如果我手上有的話），實在不喜歡看到男人爲了這種沒出息的事兒喜孜孜的嘴臉啊（怒），於是中出任務還執行不到一輪我就決定終止它了，深怕再進行下去萬一哪天我手上眞的有刀，畢竟身爲一位太太手上有刀也合情合理的，夏天我還有西瓜刀呢～那麼內湖地區不可避免的就有殺夫案了啊。

神祕的普門品

　　不得不說人間處處有溫情，自從被大家知道我目前的人生目標是著床後，非常多朋友留言給我傳授我一些受孕撇步，並且讓我知道原來所謂的倒立不是把腳舉起來就好，屁股和後背可以的話要盡量往牆上擺，是只剩脖子和頭在地上ㄟ意屬（嗎），從一個人妻進擊到李棠華特技團想懷孕也太難。網友還告訴我瑪丹娜和狄鶯都是靠此法懷孕（好跳tone的兩個例子），是說瑪丹娜是筋肉女我不懷疑她做得到，狄鶯是歌仔戲班出身她會後空翻都不意外，這種事對她們來說乃一塊蛋糕也可我只是會計小姐啊啊啊～有人表示她們是請先生抓住自己腳踝盡量往上提這樣倒撒缸，可剛那個完不能清理就要先做這件事，萬一先生很調皮把腿打開偷看我的子宮頸怎麼辦（羞），而且此時他想必也還沒穿衣服吧做這樣的動作我還要跟他的馬眼四目交接（不，是三目）多羞人，有朋友說他們的中醫師指示此時先生順勢把太太抖一抖為最佳，所以說老公拎著老婆的腳左右搖就是求子夫妻的家庭生活嗎。

　　眾多著床法門中我最不理解的就是有人說要唸經，網友的朋友得了子宮病醫生診斷要受孕難如登天，結果她因為常唸普門品一結婚就懷孕還連生三個，看完此留言我翻了個白眼想縮也太荒唐了吧，她會不會有運動搭配吃生機食品養生又食補測排卵期還每天倒立兼被搖晃才生的（哇拷她好忙），光靠唸經真的能改善難以受孕的問題嗎，她唸的是肉蒲團之玉女心經吧。然後另一個網友說他朋友也唸普門品懷上，他大嫂多年不孕他就建議她也唸，沒想到不久也懷孕看到這我開始有點迷惘了。最後有人簡單的留「普門品+1」是壓垮我的最後一根稻草，真人實證架你鴨追不由得你不信，這經文也太神鳥，會不會長久唸下去歇們店員把點數放在我手心我就不小心受精了啊（不會的）。

　　看了這麼多真人實證我已一心向著它了想把它估狗出來看看，沒想到點

進網頁竟然是被貼在一個媽媽寶包的平台，可見江湖傳言不假普門品在孕育界有舉足輕重之地位，種種證據顯示它能打通終年淤塞的輸卵管啊。於是我立馬摳奧給想生第二胎的家姊溫蒂，告訴她普門品能夠促進生育我們要開始唸普門品（講完自己都羞了），她說對啊她還要買一些排卵試紙之類的，接著說不行，人要懷孕一定要不想生才會懷（跟我一向信奉的理論不謀而合我們真是姊妹來著），她懷第一胎就是因為在餐廳遇到吵鬧的小孩，發表出人還是不要生小孩整到自己也拖累別人的言論，這一回家就發現痣己著床了，可見古往今來不想懷的人才會懷，但唸普門品或用試紙會顯得太激進，就不是不想懷的人了啊。

　　那天討論的結果是我要試著唸普門品她要繼續假裝小孩很欠揍她一點也不想要，兩人一起往受孕的道路上前進看看哪招有效，現在看到這兩招我突然有點羞，為了逮丸的將來我等基因有問題的愚婦好像不該繁衍下一代，怎麼愚成這樣可以學人生小孩嗎（戳自己太陽穴）～👨

有身的現象

　　某個禮拜天老公不在家，我一個人懶懶的躺在地板上亂換台，看到一則動物園傳來的消息，是說熊貓圓圓疑似有身，因為牠最近食慾沒來由地旺盛，但吃了東西也不會開心整個人（？）鬱卒鬱卒的都不理人，平常在活動的時間牠都躺著不想動，這種種跡象都顯示牠應該懷孕了，只是因為牠心情賣不讓人驗孕，所以遲遲無法知道真相；而園方語帶保留好像是因為圓圓四年前也有傳出懷孕但是假的讓大家空歡喜一場（敢情牠是眉庄要假孕爭寵嗎？），所以沒個準前園方也不想放消息，總之一切尚待確認中這樣。

　　看完我認真思考起來，這天早上我吃完了一份我姊看到說「天哪怎麼這麼大，這是兩人份吧」的早餐後覺得還是空虛到心慌慌，於是拿出一包零食很快的把它吃光這才有了踏實感；平常老公不在我都趁機整理家務，可這天我就偏偏不想整只想躺在地板上，最重要的是天熱我討厭黏黏的感覺，所以最近惱公一靠近我我就會對他大喊你走開，有天他還憂鬱的問我最近是不是心情不太好。囊道我跟圓圓乃靈魂的雙胞胎，如果在演電視劇此時應該要有「登愣」的配音下來我眼珠還要轉啊轉，這這這代表了什麼好明顯的啊。差點忘了一個強而有力的證據，就是有天我在切剛買的無籽檸檬裡面竟有一堆籽，如果我是宮裡的什麼妃，旁邊的丫嬛此時一定會說娘娘這真是個好意頭，雖然覺得不太可能畢竟姨媽都有造訪，可種種跡象讓人不得不疑心啊。

　　此時剛好手邊有網友寄給我的一大包驗孕紙，沒用過想縮不如就用用看吧，我不是圓圓我可以立馬確認。結果出來當然是那肚子沒種的一條線，現在想來我怎麼會因為自己跟圓圓一樣就以為有身了呢，我明明天生就懶而且永遠在對老公不耐煩啊並且早餐習慣性吃很撐，還有無籽檸檬比有籽的一斤貴十塊，老闆你給我納命來！〽

後記：結果圓圓真的有身了這大家都知道吧，她的後代圓仔都開始上班了我還生不出來，這

真是天妒英才啊（這成語下得好嗎）（但在骨盆界鄙人確實算得上英才啦我骨盆超雄偉宏觀讓人肅然

起敬的啊）。

適可而止
是美德

　　雖然龍斌給人感覺挺神祕好像平常看不太到他的消息，但這兩年來我有深深地感受到他是有在關心我的，先是我姊生小孩後沒幾天他就差人送了幾個盤子來祝賀，再來是我結完婚的隔天他又趕忙送來一袋福袋，你們說他骨子裡是不是挺在乎我的呢，可能還有偷偷吟唱任時光匆匆流去他只在乎我吧（摸臉）（然後幕僚還在後面合音「栽呼ㄋㄧ～」這樣）。他給的結婚福袋裡有幾個碗還有一本幸福人手冊，內容從教新婚夫妻怎樣適應新身份到兩人應該分擔家務，到怎麼報稅及財產要分開還不分開，甚至連性生活和怎麼做菜都有講到，應有盡有可以說是一本幸福人生的寶典，應該是婚姻生活遇到任何波折，打開它都能得到解答的錦囊來著。因為很想看看貌似莊嚴的龍斌對性事的看法忙不迭的翻到那區（又不是他寫的！），看到他建議男人要多關心女人，他說女人需要比較多的調情愛撫溫言軟語和挑逗，我思考了一下覺得這話說是也是說不對也通，因為關於前戲部份我和幾個女性朋友討論過，一致認為適可而止就好太多了也很煩的。男生可能是被這種言論過份影響了吧（或被A片教壞惹），就覺得前戲要很長才方能彰顯他的體貼所以常會弄了個半天，可每個人喜歡的地方又不同，憑什麼覺得AV女優會呼天搶地的部位我們也會喜歡呢，她們可是有領錢的所以全身都是敏感帶我們又不是（翻白眼）。於是固定幾個部位常被揉了個半天（我個性比較害羞內斂，光天化日之下不好意思用吮這個字），好想對他大吼你給我住手，女性嬌嫩的肌膚可不是生來讓他一直畫圈圈的老子都要長繭了（憤怒）；更糟糕的是邊畫邊問這裡舒不舒服啊，敢情是用一個學術研討的心情在做這件事嗎，可一聽到這種問句靈魂馬上從外太空被拉回現實哪裡都沒感覺了啊。所以龍斌啊（搭肩），在那個章節的後面要不要標註警語說適可而止是美德前戲還請酌量，不然先生過於執著導致激怒老婆婚姻也不會幸福的啊（語重心長）。

He囉的暗號

　　因為我家有很多蓮霧而我的手是用來寫稿不是用來削蓮霧的（公主病末期啊我），有天晚上外子不在家，超齡公主哇奔郎就在FB寫下「天這麼黑風這麼大工程師為什麼還不回家削蓮霧？」的留言，這留言一出來友人就來問我蓮霧為什麼要削，這其實根本是我們兩待會要進行一場激情的＊＊的暗號吧。

　　奇怪了蓮霧為什麼不用削，它的屁股不能吃那塊明明就要削掉，友人繼續接話指稱蓮霧屁股要挖也要洗，這麼曖昧的影射所以削蓮霧一定是我們夫妻＊＊的暗號，就像在門口掛上紅燈籠一樣。

　　所以時下夫妻情侶要那個時都會有暗號嗎，我打聽了一下朋友說她老公打算要運動一下的當晚，會早早洗好澡並且報告說「老婆，我洗好澡了哦。」搭配抖眉動作，然後她就要趕快也去洗個澡，洗完兩人間是一種微妙且尷尬的氛圍，老公就會說「老婆可以抱抱嗎。」接下來鏡頭就會照到床邊的拖鞋搖曳的燭光紙窗上的剪影了；另一個朋友說老公想He囉時會坐在她旁邊用指頭在她皮膚上畫小圈圈，就是坐著雙手抱胸但偷偷伸出一隻食指一直畫她安捏，這行為光想就令我煩躁不已感覺要磨到破皮惹；另一個也是揉但比較直白，比如說女生正常時候把手放桌上嘛，虎口部份合著姆指和食指間不是有條縫嘛，男生就會去揉那條縫（意像也太明顯了吧！），私以為這帶了一點下流的趣味性得分得分啊。我最受不了的一個是朋友說他的女友，就兩人明明在外面逛街或吃飯，女友會冷不防的跟他說我們趕快回家愛愛好不好，怎麼這種事情可以直說成這樣嗎（戳太陽穴），沒凍逃一點的男生聽到褲襠馬上就緊了啊。

　　重點是原來這件事需要有個暗號的，那我也要發展出自己的暗號才行，身為夫妻不能冷不防的推倒一定要先給個提示，想想好像也是這樣沒錯，結了婚就不是偶爾見個面過夜要看天意的男女朋友了，以前是好不容易有機會

睡一起當然見面就要＊下去，婚後既然天天睡一起那個自然要選個你開心我也開心的日子，爲免一方煮燒燒了另一方根本就冷著沒心情，先行暗示要是不妥先被告知，也才不會壞了興頭傷害感情啊大家說是不是。因爲參透了這個夫妻潛規則，我很擔心沒有屬於自己的暗語會貽笑大方（誰會笑呢），所以立馬上FB問了網友都用什麼暗語我好參考一下，結果聽到許多還不錯的，也提供給還沒有暗語的夫妻參考一下。

　　不知爲何很多網友會用洗衣服做暗語，可能是從一個很古老的黃色笑話來的吧；還有「要做點運動嗎」，這讓我想到前陣子我也常問工程師要不要做運動，然後就打開瘦身女皇鄭多燕影片開始跳了，會不會他心中想得是別的事褲子都偷偷脫了而我沒有洞察到。有人說晚上要不要榨個柳丁汁我很納悶爲什麼不是做個豆漿什麼的（會不會又太直白），該繳稅金或交作業或是要不要打針或線路壞了要叫修都有人用（叫修也太妙），還有人分享英國人的說法early night整個很洋派；然後因爲《甄嬛傳》很紅，用「皇上，該翻牌子了」的也大有人在，還有其中最讓我欣賞的就是「你，過來」這個，這麼簡約又大器我覺得帥極了呀。

　　好了聽完這麼多暗號希望對大家的人生有幫助（會有什麼幫助呢），沒有的請快研發一個吧，這是夫妻間不可缺少的小情趣啊。

不要再相信
炒飯助和好的傳說了

有天我跟朋友報告我和惱公吵架的事，本以為友人會安慰我不然就是和我一起大罵老公，沒想到她只說聽說吵完架後炒飯會特別激情，是叫我期待的意思嗎（斜眼），但吵完後只想冷戰直到他低頭道歉我再擺態個兩三天（在下真是好雞歪的女能），這時誰想炒飯啊，根本覺得敢碰我就等死啊（舔刀）！

沒想到另一個朋友也說是啊男人好像會喜歡吵完架後用炒飯來和好，她其實也猜不透為什麼，可江湖上似乎有這樣的傳言，這就是床頭吵床尾和的奧義吧，可是才大吵完她也不想人家碰，到底是誰教男人要這樣做的呢。結果她問了身旁男伴該男也說要哇，吵完就要炒幾雷，這才是夫妻或情侶大吵完能合好的最大關鍵，我心想哪有這種事啊，問他哪聽來的他說電影上都這樣演，乍聽好像有點理，但仔細想想到底哪部這樣演了叫他來跟我對質，少把自己的行為都推到電影上，這麼愛學電影怎麼不去冰島旅行呢（因為才剛看了《白日夢冒險王》記憶猶新），你他媽最好去了就不要回來了啊（還在生氣啊我）。在我看來除非你在這方面特別有長才，就是做得很好ㄟ意屬，不然用這個求和實在很虛弱；但話說回來就算真有長才，在房中熱炒界有阿基師之地位，如果不是久久才來炒一次，那用此專長來求和也沒什麼意義吧，就像王菲要是常開演唱會，久了也沒什麼新鮮感了咩誰想去搶票呢，上天的恩賜就是要偶爾來一次才叫恩賜才讓人感動，常常有的事情一點都不特別呀。

所以我的結論是炒飯並不幫助和好，請男人們不要再相信沒有根據的傳說了，吵過來又炒回去對事情不是多有幫助的，只會讓人覺得都氣成這樣你那裡還能充血真是個沒有靈魂的人！還有，其實電影演的是女生外遇後老公給她一顆大鑽戒（《慾望城市》）／老婆不用做飯每天都在買鞋子（還是《慾望城市》）（不能看點別的電影嗎），男人一定是看錯電影了吧，想學應該學這個才對啊。

性生活之必要

　　結婚前我曾經跟友人探討過婚前婚後的差別，因為總覺得以現代人的生活形態來說，如果婚後不是跟公婆同住也還沒生孩子的話，那生活應該跟原來差不了多少吧。結果友人紛紛貢獻了自己的經驗，其中最讓我意外的是婚後大家的性生活頻率都大幅降低，有人的理由是婚後變親人她不想跟親人性交（什麼跟什麼），有人是說因為住一起了天天打照面，少了以前偶爾才能過夜的激情火花，所以有時有點累或心情不太好或想到明天要早起上班，就對先生的求歡無動於衷，會無情的推開他在自己身上遊走的手，反正來日方常嘛幹嘛急在今晚，久了頻率自然就減低了這樣；還有人是每天回家看到先生種在沙發上就心情賣，相處的幾小時裡對方一定會有個點把自己惹毛了，沒敲他後腦算他命大了哪可能對他說歡迎光臨my縫呢（除了台哥大到底誰會這樣說啦）。以上是結婚不久的人的分享，婚結久了的更可怕，一個月一次的還算頻繁，有人是說一年三五次還有孩子生完後就再也沒有性生活的，我看那人的孩子都五歲了啊啊啊（震驚），這些當然是小部份啦不可能代表全部人，但聽著覺得也太驚人了吧，婚姻到底把人折騰成怎樣啊。然後最近我看到一個新聞，是說有名陳姓男子陪太太去醫院治療子宮頸癌，這超音波一照之下發現太太竟身懷有孕，理論上是喜事可先生一點都沒有開心的現象，因為兩造之間已經很久很久沒有親熱了怎麼會懷孕，真相只有一個就是妻子給自己戴綠帽了啊。你看看以前都要等到孩子出生後發現這血型好像不太合理，或是到孩子越長越大發現他五官長的怎麼激似隔壁老王，才會發現事情有點不對勁兒是不是要追查一下真相。可此案中就是因為兩人性生活太不頻繁了，導致偷情事實立刻ㄅㄧㄚˋ康，所以你說性生活是不是維繫婚姻的必要條件（是，但不是因為這種鳥原因吧），再不願意還是應該抽空做一下嘿（但如果太太很久沒讓你碰可一看到這篇馬上約你He囉的也要小心蛤）。　ᴍ

溫情的壓力

　　人生在世不免有一些因為別人的好意而感受到壓力的時刻，這樣說可能有點模糊，舉例來講就是我偶爾會在公車上遇到想讓位子給我坐的人，啊嗯勾我明明沒懷孕啊甚至連一肚子屎都沒有在下天天排遺的（有必要講那麼清楚嗎），肚子上那一球都是脂肪是脂肪啊。但讓座的人是好意妳能生他氣嗎，而老子又沒有身好意思坐嗎，可不坐下去讓人知道我肚子那麼大卻沒懷孕這面子過得去嗎，當下那份龐大的壓力真的會讓我頭頂白一塊瞬間鬼剃頭啊。

　　最近吾友剛生了孩子，終於挨到滿月可以出門放風了，她前進久違的百貨公司心中充滿喜悅，可媽媽能逛什麼呢還不是逛嬰兒用品，回來就看她發了一個FB說專櫃小姐很好心的給了她一個抱枕，就是讓孕婦靠著比較舒服的東西，可她明明生出來了月子都做完了啊，看來她心情很沮喪，就是其實已經卸貨了但坊間還是認為她是孕婦來著，但她才生完一個月肚子還沒縮是正常的（吧），世間只有藝人肚子消得快呀，我們路人都馬會肚子繼續大著三個月運氣不好的還大一輩子呢。話說被櫃姐誤認的經驗我也是有的（點菸），而且我還不是在逛婦嬰用品，那次我是在看保溫杯，小姐沒來由的推薦了一款說很適合我我之後會很需要，但保溫杯哪有什麼適不適合的呢當下我呆了一下有點不明白，小姐接著指著哇ㄟ巴豆說等生出來就會要用這種，那個摸們很想對她大吼叫妳們經理出來，可看著我的肚子發現是我理虧還是忍著吧，但小姐幹嘛裝溫情替我著想呢我不需要啊，而且這種情況超難收尾的，我要表示我沒有她也會很尷尬，要假裝有的還會問我幾個月了男生女生我要怎麼回，說一個謊就要說更多謊來圓，若是死後還要為了這個謊下地獄也太不值了呀。

　　寫到最後我終於意識到我有肚子過大的問題（囊道平常照鏡子時沒發現嗎），小姐們不是白目是我肚子太搶眼，其實也怪不得別人啊（輕吐煙圈）。

登記結婚記

　　我個人雖然辦了兩場婚禮身心俱疲，但終身大事都辦完兩回身份證的配偶欄還是空的，由於理論上是公公但法律上還不是公公的那位老人家一直在催促，有天我們終於決定週末就去辦一辦吧，不然配偶欄老是空的也不是辦划。

　　記得我那個年代的國小課本上是說婚姻只要有公開宴客就成立，但現在不是這樣的，宴客完記得要去戶政事務所登記這婚才有結成，最實際的例子就是像胡婷婷那樣，都穿白紗宴客了最後分開也只算分手不叫離婚，所以沒登記真的不算啊。登記很簡單只要帶上結婚證書和兩人的身份證及戶口名簿就可以手續還算簡便，加上政府現在有便民服務，就是在禮拜六這種非上班日也能去，只要前一天先預約好時間就行；但禮拜六登記有一點比較吃虧，就是如果你選平常日去是可以挑日子的，彷彿是前後三天都能，比方說你二月十二日去想登記到二月十四是可以的，但如果你挑的是假日去那就不能選日子只能登記在當天。是說都標榜便民了幹嘛還要有這種規定呢我不太懂，總之刻意想選好日子的捧油愛字意蛤。

　　我們去那天是假日戶政事務所根本是空的，前面有一對小夫妻也來登記，走前看到辦事小姐一直跟他們說恭喜恭喜真是溫情。辦結婚就是把東西都交出去該簽的簽一簽前後不用十五分鐘吧，辦完後小姐拿出一堆DM講解給我聽，先是北市的孕前健康檢查補助，再來是生孩子的優惠條款還用螢光筆幫我畫重點，其中有一點是說因為溫尢本來不是台北人，要遷入滿一年生小孩才能享受某項補助，意思是要是我現在有身了那應該是享受不到乀意屬，這點她還加強講解講到我都神遊了，最後告訴她說沒關係我們把資料拿回去再慢慢看好了謝謝嘿。離開櫃台後我覺得好像有什麼不對之處但一時沒有頭緒，回到家後才恍然大悟理出了線頭，對啊（右拳拍左掌心），小姐沒有對

前一對小夫妻說這些生子條款只有拼命跟我說，她一定是以為我懷孕了啊馬的，難道我只是肚子大了些就要受此番屈辱嗎，叫妳們經理出來（拍桌震怒）！

取精注意事項

最近朋友打算準備懷孕所以和先生一起去做孕前健康檢查，是說我都不知道原來除了婚前健檢還有孕前健檢，我猜它的重要性應該很低吧，因為市面上明明有很多人是不小心有了才結婚的，那他們一定沒做孕前檢查啊也沒發生什麼不好的事，所以雖然鄙人也正在為懷孕做準備，但目前並沒有去做孕前檢查的打算。

孕前檢查跟一般健康檢查差不多，其中最神祕的是原來還要檢查精子，本以為這是不孕的檢查項目呢。吾友說醫院有間房間是讓人取精用，我很好奇裡面有什麼設備足以讓男人開心起來，開心到明知道在公共場合<u>瓦靠</u>還有很多人在走來走去還是可以不顧一切的來上一發，可惜他們去太晚了時間不夠沒能用上所以她也不知道裡面有什麼，只聽到說太太要跟著一起進去幫忙取，就像悟空悟淨要一起幫師父取經一樣。但打手槍為什麼要人幫也太神祕了吧，做這種事不是自己來比較自在嗎？再說那間可是專門的手槍房耶，它沒別的功用存在只為了讓人打手槍，那裡面想必瀰漫著讓人不悅的味道，我要是院方一定會在牆上種滿苜蓿芽讓樂活味蓋一下<u>浞</u>的味道（說浞好像不太文雅）（然後還說了兩次！），這樣的地方就讓先生自己進去快快解決就好，讓太太去不是等於拖累全家嗎何必<u>捏</u>。

因為太好奇手槍房的內裝（我求知若渴）我跟當醫生的朋友打聽了一下，沒想到她在醫院打滾多年竟也沒進過那神祕的手槍房，只臆測了裡面應該不會有<u>低咪低</u>這麼先進的設備可能只有一些寫真集吧，我想也是，這種地方如果有選台器按鍵縫裡一定卡了一些意味不明的液體（不就是液體兩個字反過來）清理不易，要太太進去幫忙就是因為裡面太<u>寒蟬</u>了暖機不易吧；友人聽到太太竟然還要進去<u>倒撒缸</u>大吃一驚（她明明是醫生哪～），問我這樣不會一不小心吞下

去前功盡棄了嗎，我是覺得她太古道熱腸惹只說幫忙沒叫妳幫這樣大的忙，用食指和姆指圈成一個ok狀去幫不就好了也不用憂心不小心吃到啊。

　　總之最後他們要回家自己取，醫院發了小罐子和一張注意事項給他，上面寫取完一個小時內要送到醫院去不然會過期這讓人好生緊張，要是家離醫院比較遠的人怎麼辦，只能一路按喇叭闖紅燈，或是乾脆把車停在路邊在半路上取了，可在路邊沒水洗手耶安捏干厚？想想還是在醫院現場取方便還能順便看看神祕的手槍房長怎樣。最後提醒打算要做孕前健檢的夫婦們，做這個前要暫停性交三天才行，貿然的殺去醫院但資格不符還是會落個得回家取精的命運，家住遠又沒開車的可能還得在公車最後一排偷偷的取好麻煩的呀（不能改天再去醫院取非得挺而走險嗎！）。

苟且也不錯

首先恭喜摯友克萊兒在十月十號生下國慶寶包，身為對陣痛和剪會陰十分嚮往的女人（有什麼毛病），我不免的訪問了她一下對於分娩有什麼感想，忘了說她還沒被推進產房時傳了app給我內容是這樣的：「生孩子真的很痛，妳不要輕易嘗試。」我想她還能有什麼感想呢，一定是一直喊痛啊這個沒用的女能（搖小指）。

生產對我來說是件一想到大腿就會痠軟的事，尤其看到我姊陣痛時的慘樣，以及深入待產室聽到哀嚎聲everywhere，有時想到當時的情景就會覺得懷不了孕也是好事一樁（看來我跟她一樣沒用）。克萊兒說她陣痛了很久生不出來，打了無痛分娩不痛後又被打了催生，從清晨進去到傍晚一直在很痛和有點痛之間擺盪，在一個很想大便的摸們，護士叫她萬萬不可用力然後就手刀去叫人把她推進產房，原來生孩子的港覺跟想大便很像啊。這麼說來家姊當初落紅但產兆不夠多，想去住院可一直被退貨時，醫生也是告訴她回家後如果想大便千萬要多想三分鐘，確認一下要出來的是屎還是孩子不許亂用力，導致那幾天全家都緊張兮兮還把馬桶刷很乾淨，畢竟那可能會成為孩子的出生地當然要把它洗得不拾不拾。怎麼生孩子跟想大便真的那麼像嗎，這也解釋了為什麼女學生都會在廁所產子吼，原來下面有東西要破門而出的感覺都很像呀。

產婦告訴我進產房後她不太會用力，護士說妳總便祕過吧，試想妳便祕時想用力大便的感覺（明明是在寫生產但本文出現大便二字的機率也太高了），沒想到她是個對便意很隨興之人，便不想出來她也從來不強求，所以連用力大便這種我以為人人都會經歷的小事她都沒什麼經驗，世上怎麼有人連為自己的腸子Fighting的經驗都妹有，我說這人的競爭力也太弱了理應被社會淘汰的啊。最後當然還是順產了，事後我問她有沒有試著擠奶她說沒有，奶這種事該來的總

會來她依舊不強求，時下產婦不是都會喝點黑麥汁或花生豬腳什麼的嗎，她是覺得沒有就沒有有什麼關係何必給自己壓力，媽媽開心小孩才會開心嘛就順其自然溜。跟她講完話後我頓悟了（敲木魚），原來不強求的人才是真正幸福的人哪，因為一些小事給自己壓力何必呢，看到這樣苟且的人可以一路結婚生女過著幸福人生，我要學習這份不強求的隨興精神，苟且並愉快的過日子啊～（這什麼爛結論）

媳婦的肚子

　　有天我和家母在吃飯，吃到一半她突然問我肚子還好吧，那天我剛好下痢不止微挫賽八回左右（加了微字有沒有文青感），都擦拭到微破皮渴望家裡有免治馬桶了（有必要形容的那麼深刻嗎），但奇怪了我並沒有把這件事告訴她啊怎麼她會問，我們母女也太連心了吧真是很神，然後我才意識到，老木其實是想問我有沒有懷孕啊。

　　女人一旦結了婚肚子就會變成大家問候的重點，事實上婚前那裡就被關注了，還記得婚前婆婆神祕的把我拉到一旁問我懷孕沒，我想是我肚子太大引人誤會還是怎樣，還情不自禁地提氣縮了一下，想說鰲拜都能縮陽入腹了我縮個肚子有什麼難，結果哇ㄟ巴豆還真是縮了還是有點強出頭，難怪婆婆會問啊（淚潸潸）。幸好不是這樣的，原來是迎娶時有身和沒身的新娘要用的道具不同，難怪婆婆這麼關心它。

　　後來無論是過年或是聚會或是閒來無事打電話報平安，婆婆都會忍不住對我的肚子噓寒問暖，用一種單刀直入卻又覥腆的語法「那個了沒啊」來探聽我肚子裡有沒有動靜，有次我回「哪個呀？」沒辦法我就是個小淘氣，婆婆又害羞的說「就那個啊」，奇怪了都知道一直問很羞幹嘛問呢，而且她老人家向來只問我不會去問她的兒子，婆婆都會這樣關心媳婦的肚子嗎。之前我去參加夫家親戚的喜宴，新娘敬酒前老公的哥哥還提醒我孕婦會沖到新娘所以敬酒時要迴避，踏馬的我肚子是有多大，還是女人一旦結婚肚子就會變成大家的焦點，要一直承受各方問候和關懷；也在婚後我才明白，已婚婦女不宜穿太寬鬆不能穿娃娃裝或高腰洋裝，不然肯定會被問懷孕沒，是說有我也不會瞞著幹嘛非問不可呢。

　　本來覺得休誇煩，但有次回婆家看到婆婆在煮一鍋貌似很苦的東西，一

問之下才知那是一帖包生男的藥方，是婆婆特地去買來要給大嫂喝的，聞起來就是個苦味聽說天天都要喝，怎麼時代如此進步老人家還是不知道生男生女取決於男方嗎還在逼媳婦喝藥啊，這樣想來我的肚子只是被問候還算好的至少不用喝中藥，女人的肚子婚前怕太大婚後怕不大大了還要憂心孩子性別對不對，也承受太大壓力了吧。

後記：本文寫好後不久婆婆也送中藥湯給我了，幸好天高皇帝遠婆婆也無法盯著我喝光它啊。（捻痣毛）

媽媽真偉大

去年我的好友克萊兒懷孕了，因為這件事對她來說非計劃中，所以事前沒有研究過孕婦的一切資訊，她甚至連純元皇后是因為孕期食用太多芭蕉導致胎死人也亡這麼重要的事都不知（這明明是胡扯的吧），所以常常在為她發現孕婦用品有多奇幻來跟我分享。

比如說腰部可以伸縮自如到林旺也穿得下的孕婦褲，就是一般褲子但腰部有機關做到很高腰且是抽繩的能無限放大，從肚子有點大開始可以一直穿到臨盆前，到很多人孩子生完了但肚子消不掉依舊繼續穿（鼻酸），真是一條陪妳走過半個人生的神奇好褲，再說下去連我腹中無種都想搶先購入一條了，真是胖子的人生好伴侶啊我想和伊搭肩搖呼伊攬條條。另一項讓她臉紅的產品是哺乳衣，一件看起來跟一般衣服沒兩樣，但危急時可以在不掀衣不曝露的狀況下直接把奶頭放出來餵孩子的衣服，第一次看到該產品她好震驚還打電話來跟我說，我則想著妳也太淺了，這些東西早在家姊妊娠期我就看過千百回了啊。

我告訴她產婦用品裡讓人害羞的還多著比如乳頭保護罩，兩個小小的塑膠片上面有洞洞可透風，好像是媽媽的奶頭常期被寶包含著（不寫寶包怕人誤以為爸爸是不速鬼），老溼潤著又一直被衣服磨久了會潰爛，所以沒在用時要抹上藥膏並罩著金鐘罩保護，不然很容易擠著擠著擠出血來變一罐草莓牛奶。還有一次我在嬰兒用品店看到一個像奶嘴但又不是奶嘴的玩意兒，問了小姐才知原來那是一個假奶頭，讓某些傲驕的習慣了奶瓶的孩子可以直接含著媽媽的奶喝，畢竟奶頭跟奶嘴長得也不像有些孩子習慣一個就不願喝另一個；另一個用途是孩子開始長牙後有時喝著喝著冷不防會用力咬，為了保護可以裝上護套再餵免得奶頭遭到不測。

但受傷都還好畢竟會痊癒，有位友人告訴我她用的是米國最知名的擠奶

器，一邊擠乳頭會不停的被拉長，我幻想應該是像在擠乳牛的奶那樣吧，乳牛奶頭也是長的然後用捏的啊～所以媽媽在哺乳時不止奶會變大奶頭也會變長就是，真是奇幻的生理現象啊。等哺乳期一過她的大奶慢慢縮回貧乳，可長長的奶頭竟沒跟著縮（抱頭），所以現在是平胸加長奶頭就是，形象是否有點像通馬桶的那個東西呢，原來媽媽的膩頗會受到這樣多的磨難啊，看完有沒有覺得媽媽真偉大，不說了，我要致電家母告訴她媽馬我愛您了啊～（撥電話）

擠奶秀

雖然我一直想生小孩，但一方面也憂心女人當媽後會失去自我，比如我和摯友克萊兒，以前是聊得天南地北什麼都在瞎扯，可自從她生產後我們的談話不是她跟我報告今天奶量多少，就是我跟她問候妳今天擠了多少奶，講電話時還常伴隨著擠奶器的普雞普雞聲，女人懷孕時是個大籮筐生產完變成奶牛一頭，並且怎麼談話主題都是孩子，媽媽真是個最偉大專心的職業啊。一開始她還嘻嘻哈哈的告訴我怎麼賣力都只有20 c.c.孩子都吃不飽，隔沒兩天她開始有壓力，因為在月子中心裡媽媽都會去繳奶，看到別的母親可以擠出很多但她怎麼擠都只有幾滴，想到這個她就無比的焦慮可能是一個面子問題吧。寫到這想到當年我是怎麼協助家姊擠奶的，她也是個奶量少到會餓到孩子的媽媽，那時她三不五時就會躲在角落認真擠，以前我總以為奶是一擠就會噴射出來這樣，後來才知不是的（或她不是這樣的而別人是），她的奶就像汗一樣是從皮膚裡沁出來，每看到她奶上冒出一點水份我就要趕快去接，有時滴不下來她還會直接拿奶瓶去把它刮下來是這麼珍惜著就是；還有我記得乳牛好像是捏著奶頭奶就會噴吃來，可乳人是從腋下就開始慢慢慢慢的往前推這樣，她說腋下很容易卡住會化膿爛掉所以一定要天天順一下它，本以為生完孩子一切就輕鬆了看來不是這樣的呀。我有個朋友更拉風，她是脹奶脹到很痛又擠不出來據說胸部硬到像石頭，護士就問她需不需要請擠奶大隊來幫忙，原來醫院裡有這樣的團隊啊我現在才知道。於是那天她躺在床上然後有位中年婦女來幫她擠奶，這工作可能是學徒制的因為她後面還跟了兩個學生，老師一邊擠一邊講解教學生要注意哪裡加強哪裡，而她躺在床上瞪著天花板，想說這個片刻好像很熟悉但又不明白哪裡熟，對啊（靈光一閃），這不就是之前去清境農場看到的擠奶實境秀，那個摸們她體會到了乳牛的無奈，並告訴我把擠奶當秀來看是不道德的，請大家拒看農場擠奶秀厚嗯厚啊。👨

好媳婦話題

4

夫妻出遊的
注意事項

相看兩不厭？不可能！
婚姻就是一個讓相愛的人互看到生厭的制度，
當快要起殺機時，快快安排一趟放鬆身心促進情感的旅遊吧，
就讓宅女小紅來跟你分享他在一趟趟旅途中，
沉澱靜思之後悟得的人生大智慧。

出國記得
要看登機證蛤

　　婚後我和工程師去了趟峇里島進行假蜜月真玩小孩之旅，帶了家母美雲和家姊溫蒂以及溫蒂的孩子貝貝一起，很多人不理解我為什麼要帶全家人去蜜月，其實我們本來是打算跟朋友去的，朋友那邊落空了才跟家人出遊，因為我和工程師都是不會排行程的懶人，我們單獨出門應該都會像在家一樣（工程師玩哎配everywhere），而且峇里島這種地方就是人越多住越好還越便宜，許多人住一棟還有大游泳池真是很快意。

　　那天是十點十五的飛機但我們八點半前就到了，這個時間理論上是早到可以四處閒晃吃早餐兼拉個屎的時間，沒想到溫蒂去買了一個嬰兒票（嬰兒票一定要當場買好像），加上工程師突然想挫塞（為什麼買票時不去！）他回來後家母美雲又想挫塞（我的怒火灼傷路人了），一切資料辦完過了關一切就緒差不多就九點半多了好像，溫蒂一直記得遞交機票時地勤跟她說D10登機門，進去後我們發現D10跟漢堡王是反方向，大家討論了一下決定老弱書生組的美雲貝貝和工程師先往遠方的登機門前進，民間玉嬌龍組的溫蒂和在下手刀前往漢堡王買早餐（是有多餓），買完後衝向登機門覺得它真遠，是說台灣機場根本不大啊怎麼登機門這樣遠呢。快到時有個幼兒遊戲區，我們想說十點再登機就好於是在那陪貝貝溜滑梯又吃早餐還幫她換了尿片醬，九點五十五慢慢的晃去登機門。

　　到了登機門發現人山人海大家都在等，原來抵累了啊幸好沒太早來，寄了嬰兒車後在候機室的躺椅上悠閒地躺著培養峇里島心情，此時寄車的地勤來找我們說要看我們的登機證，然後說我們走錯了是C10不是D10啊啊啊（腋下溼）。都怪我們根本沒看登機證就一直往D走，溫蒂堅持小姐說D可我覺得C和D是同卵雙胞胎啊一定要說Cat的C Dog的D人類才能有效分辨，但錯

已鑄下為時太晚只能快速往貓咪那個C前進，C理論上在D之前吧，錯！地勤先生很為難的告訴我們C很遠在D的另一頭，兩人呈現U字形的狀態是悠悠藥膏的U啊啊啊（胯下都溼了我）。

　　此時已經十點零五了吧我們四人一嬰拔足狂奔幸好有嬰兒車（安心），溫蒂衝第一（貝貝還會伸直小手做一個乘坐雲霄飛車的快樂感）我第二，工程師很盡責地保護著他的丈母娘美雲慢慢的跑，U的底部是很大的像醬吧→U。它是個大寫又全形的U，那裡有很多商店之類的，每次進機場最愛逛的地方我那天很想放把火把它們都燒了。終於穿過底部跑向直線要從一跑到十，路旁有很多地勤在迎接狂奔的我們，原來D10的已經告訴C10有一家子二百五請務必等他們。

　　地勤們在遠方問我們是不是去峇里島我們說是後他們小碎步加入我們跑步的行列，並拿了我們的證件邊跑邊看，看完還我我說後面還有兩個，遠方的美雲和工程師是米粒大小（就說了我們是民間玉嬌龍，我姊還推著車咧）地勤再去攔截他棉，人生頭一次在上飛機前有被夾道歡迎的感節其實覺得挺尊榮（明明累得像狗坐好後後腿都在發抖）。最後我們還是趕在十點十五準時上了機應該沒有誤了行程（吧），文末提醒大家出國最要緊的還是要看一下登機證蛤～（只有我們如此瀟灑看都不看吧）🐾

峇里島SPA記
請老公別在意

　　之前和家人進行了一趟峇里島之旅，出發前看當地溫度好像還沒台北熱呢應該挺得過，但其實在台北時我天天都待在四季如春的公司對熱哪有感覺，到了那才知即便溫度沒台北高，可人是待在戶外時實在好曬一<u>吃門</u>就有<u>中痧</u>感，難怪所有去峇里島的人都說一定要一直按摩做spa，其實是不想出去曝曬吧。

　　有天我在飯店百無聊賴就去spa間參考了一下，本來陪我諮詢完老公就要回房了，但他發現按摩師是個男的整個慌起來，一直想要留下來在旁邊盯著看，因為他<u>受不鳥</u>老婆裸體被人按，這人也實在太不大器了吧。其實在下也不是說個性有多奔放，但總覺得面對醫師啊按摩師啊這類師字輩的人，給他們看一下身體應該無妨（可老師不行哦，各位學生如果老師想看你的<u>孫體</u>記得要說不）。不是我在說該名按摩師實在太專業，我個人只穿了一條紙內褲身上蓋了一塊布，但無論他怎麼拉我的手轉我的腿兩點和<u>蓋邊</u>都不會晾在外面，有一招很帥，就是我人躺著他要用油推我的胃部，此時身上的那塊布要怎麼擺，不是露上面就是露下面啊，結果他拿了一條折成長方形的毛巾蓋住我的奶再把身上的布往下拉到腰，先推一下胃再來按前胸，有感覺到他手法很小心盡量不讓客人感到<u>不酥湖</u>，無奈就算他再怎麼閃避多少還是會碰到奶，誰叫本人胸部的幅員很遼闊，不是說它大，而是因為欠管理所以它們老是四處流竄像義和團的拳民一樣，就算按腋下其實那裡還是奶啊只是頭不在那而已，幸好老公沒在旁監視，不然八成要發火了吧。

　　其實老公並不需要在意這種事的，因為除了按摩時被摸到，我的胴體也一天到晚在亂給人家看，比如說偶爾遇到訪問要拍照時，有時會拿到很低胸或很透明的衣服，我心裡雖然百般不自在，但想到如果自己是舒淇（我憑什麼

這樣想），造型師拿來什麼都會穿上並把它詮釋得很好，這是什麼這就是敬業啊，連大明星都不會雞雞歪歪的那我怎麼可以，所以就把不自在拋開硬著頭皮穿上。有次拿到腋下開超大的背心，就像林書豪在打籃球時穿的那種吧，就是冷不防的轉身時乳房會整個衝出來那種，人家問我需不需要幫我找件小可愛，我為了不擔誤工作進度也說不用了，反正拍到性器官會修掉的呀怕什麼。也就是說我總是恣意的展現胴體給攝影師看（他們做錯了什麼為什麼要看髒東西），只是老公不知道而已（現在知道了歪天），所以被摸兩下也沒什麼的不用放心上。不過有次我看到女明星未修片的照片，才發現人家明明安全褲肉胎穿很足，原來只有我明明身材差還在野人獻曝，最後跟按摩師和攝影師們致上我的歉意，我真的不是故意要到處長胸害你摸，也不是故意不穿小可愛逼大家觀賞我側乳的，我只是不知道別人都有穿的啊～～▲▲

惱公的行囊
我猜不透你

　　去峇里島旅遊時我遇到了打包行李這個人生的關卡，我發現愛亂帶東西出國真是個很惱人的進桃，因爲家姊說峇里島的villa裡有DVD Player，我們可以帶些喜歡的電影或影集去看，我心想人都出國了還在房間裡看低咪低成何體統，那跟在家裡有什麼兩樣（拍桌震怒）！不過爲了測試我的老公是不是聰明人，有天我就跟他縮飯店有DVD機哦你要帶電影去嗎（挖洞給他跳就是），沒想到他一聽十分開懷告訴我那他要帶PS3去，看來他自己有準備更大的坑跳進去，想到嫁到阿呆心裡就覺得十分悲傷。

　　本來以爲他是在說笑目的無非是想惹毛我，畢竟婚姻就是個兩人互相惹毛對方的制度，沒想到後來又提了兩三次，出發前一天還故意用自言自語但顯然要說給我聽的方式，嘟嚷著「要想想辦法把PS3放到行李裡才行」看來此人無比認真的想跟PS3雙宿雙飛，幸好經過我理性勸退他才打消念頭，不然好不容易出國卻和在家做一樣的事那像話嗎，至少玩印尼文的遊戲感染一下異國風情嘛（也沒有比較好）。

　　雖然沒有PS3但他帶了iPad，連一個平常在台灣不怎麼用到的耳機也帶了，我不懂平常都沒在用的東西幹嘛非得扛上飛機捏出國就會想用嗎，結果我姊說她老公也一樣，就是旅遊會打包很明顯的不會用的東西，深怕離開家想用卻用不到很痛苦就是。離境前我看到很多旅客扛著沖浪板回去，來峇里島沖浪很合理，可拿模大一個夾著它轉身都會打到人的東西，還辛苦的帶上飛機多累人，當地明明有得租啊何必一定要帶自己的，出國不就圖個輕鬆寫意有必要這樣嗎。結果走著走著看到另一位旅客，他帶了豪大一把吉他上飛機，那袋子有點舊明顯不是剛買的，所以他是帶著心愛的吉他旅行就是，其實人生這麼長只要還有一口氣在想彈吉他隨時可以彈，有必要非得出國帶上

它嗎有什麼毛病。

　　後來我又因為要跑馬拉松的關係要去米國一趟，此行沒什麼玩的成份，事實上扣掉坐飛機的時間雙腳有沾到美國的土地差不多只有三天，我個人除了內著外只帶了兩件輕便的上衣，想縮下半身就一條裙子走天下咔方便，出國不就是求個輕便嗎，行李箱空著剛好買東西回來啊。不過我的丈夫不是這樣想，我看他拿了長袖短袖和襯衫光上衣就不知帶了幾蘇，我說舊金山彷彿是10度多一點你帶短袖幹什麼，還有你平常在溼溼黏黏的逮丸都不見得會衣服穿一次就洗，是有什麼必要到乾冷的米國天天要換裝扮，此人真是太莫名其妙的啊。整理完衣服整雜物，除了無數條充電線外他又遞給我那不常用的耳機，除了普通的外還有藍芽的，我說你又沒要腮掐幹嘛要用藍芽耳機他還是堅持非它不可，最後說對了對了還有拔鬍子的夾子，這三天內他會大長鬍子就是，明明平常一週才處理一次的事情非得在這三天內動工是為什麼，嫌行李太少嗎我說。

　　一般人在前一天打包但出發前還會用的東西不會包進去嘛，但他老兄不是那種俗氣之人，第二天早上我看他在翻行李，原來他把生活必需品也塞行李裡了，但他是個二百五會發生這種事我一點也不意外。出發前最後一刻我在回想有沒有少帶什麼，突然思緒有點模糊又有點清晰覺得好像有件事不對勁兒，我問他你有帶內褲嗎他說沒有，因為內褲晾在陽台所以他沒拿，此人出門三天連絕對不會用到的東西都帶了卻沒帶內褲，只能說我的丈夫真是個風一般男以捉摸的男子啊。

出國最後悔的
行囊是……

　　上篇說到打包行李，記得之前接受訪問，被問到一題是我出國最後悔帶的東西是什麼，這問題好怪不是問回來買了什麼而是問出去帶了瞎毀，出國去買回一些莫名奇妙的東西是人之常情，比如去沖繩看到每家店都有賣蟾蜍包雖然看起來又醜觸感又怪，但看一次覺得嗯兩次覺得嗯三次變親切四次就想買了，然後一踏進國門翻開行李看到它，不免又會想著當時是失心瘋發作了嗎幹嘛買這玩意兒，以上的心情三溫暖是出國多多少少會上演的吧，誰的一生中沒有在國外買過怪東西捏。

　　但要問到出國帶過最後悔的洗瞎密，我是想說出國才幾天行李空間也有限，是會帶到什麼多餘的東西也不太可能，只有偶爾會帶很多面膜最後沒用到再拖回國的經驗，但這也不到後悔的地步，最後我左思右想終於有了答案，我出國帶過最後悔的就是家母美雲呀。

　　記得十幾年前跟她一起去過香港那時就覺得溫阿木真過份，就是逛她的東西都很有精神，自己的一逛完就會嚷著我受不了了我要喝水我要尿尿我要吃東西或我要休息等等等，還不能放她自己行動不然她會迷路所以一定要帶著她，你說這樣的旅伴是不是很惱人，是朋友的話回國就絕交了可惜她是血濃於水的娘親啊。有次帶她開車出遊，則是明明知道長程開車上廁所不易還要一直喝水一直棒溜，叫她忍一下先別喝水她說不能口乾會想吐，不一會兒又是膀胱快炸了立刻要去廁所不然會滲吃來，到後來司機問需要進休息站嗎大家都縮關於這個問題請去請示我媽的捧弓吧。

　　後來又帶她去了趟澳門，每次要移動前她會像箭一樣射去廁所說她要撒一支尿（她的尿一定要像舞一樣論支算可能這樣比較優美吧），如果因故拖了十分鐘後才出門，那移動前她又會說等一等她要撒半支尿（翻白眼）。解決完尿的問題

接下來是吃的問題，家母挨不了餓但方向感不佳自己出門會迷失在飯店，於是早上五六點就起來西西蘇蘇希望女兒們起床幫她找東西吃，有天去吃澳門有名的水蟹粥（是說大家在講時我一直想成水瀉粥感覺是瘦身產品來著），在吃時沒說什麼回程說這粥這麼稀撒泡尿就沒了晚上會餓怎麼辦，就這樣一直棒溜棒完又說肚子空了她很餓，反正她的胃和捧弓一個休息另一個就有事就是，難得兩個都沒事腿又痠了要找地方坐，綜合以上若是問我出國帶過最後悔的是什麼，答案肯定就是美雲女士啊～👨

舊金山衰遊記

至今難以想像我竟然曾經為了參加路跑五天閃電來回米國，一般來說去一個坐飛機要這樣久的地方通常會待十天半個月待夠本吧，可我只落地三天加幾小時，囊怪現在想想對阿咩李卡的印象相當薄弱，感覺就像一陣颱風輕輕的掃過去那樣。

其實我本來也有雄心壯志的，事前換了大把美金並確認信用卡暢通，除了要跑步的運動服外我只帶了一套衣服，和老公兩人減少行囊裝個中箱再把中箱放到大箱裡拖出國，想說如此一來就可以大買特買了呀逼。而我在舊金山的大姊也沒閒著，事前規劃好了餐廳和瞎拼路線，因為她打缸盈盈還先去outlet巡了一遍，打算只要我說出品牌她立馬帶著我像箭一樣射過去，力求不浪費時間在閒晃上，畢竟我只落地三天多，扣掉路跑行程剩下的時間應該兩天不到，整個是一寸光陰一寸金哪（敲手錶）。出國前一週姊接告訴我舊金山捷運在醞釀罷工，還說最好我不要那麼衰遇到不然哪都去不了，但不好意思老子就是那麼倒楣啊，罷工一事講了好幾天都沒成可偏偏就在我落地那天罷了，只能說這是命運的糾葛阿兜啊的創治啊（撲倒）。

到那天是下午三點吧，可因為捷運罷工路上大塞車，到飯店半小時的路程走了差不多兩小時，到了放下東西吃個飯竟然就九點了路上店幾乎全關，我的美鈔沒機會掏粗乃本日就宣告沒搞頭歪ㄟㄟㄟ。那天我有體會到人世間最苦的不是沒錢花而是有錢沒處花，想到口袋裡有鈔票就覺得它在咬我，心上爬滿小螞蟻我好想好想好想去凹累大買特買啊（滾來滾去）。

隔天早上有NIKE行程下午姊接帶我們去漁人碼頭吃大螃蟹，大家東看看西看看忙著拍照留念，不得不說那裡真的超有異國風（廢話），滿地的鴿子不稀奇因為台灣也有嘛（但逮丸ㄟ鴿子不太待地上就是），這裡地上除了鴿子還有海

鷗啊，我是土包子從沒看過不在天上的海鷗牠還離我這麼近整個很新奇，惱公還爛漫地追著海鷗跑，身為觀光客覺得哇賽歪果真是太美了啊（旋轉）。漁人碼頭除了有海鮮和像天上星星一樣數不清的海鷗以及鴿子外，聽說還有一區水上有浮板上面躺著很多海獅在曬太陽，我心心念念著那邊一吃完飯趕快跑去和海獅們合照，曬太陽的海獅和不怕人的海鷗簡直太讓人著迷了啊，偶爾還有送子鳥從海上方飄過來，是一個觀光客的悠閒午后～

　　隔天是路跑行程跑完半馬回到Hotel都中午了，家姊問我要不要休息我說嗯免，洗完澡就像箭一樣射出去誰叫我是觀光客且明天就要回台灣柳。這天的行程是坐噹噹車先看一下花街再去漁人碼頭，我說幹嘛再去漁人碼頭我姊說因為那離金門大橋近，身為觀光客總要沾一下金門大橋不然怎麼算去過舊金山捏。在噹噹車上看了一下有名的景點花街一路噹向碼頭，此時我感覺早上跑馬的疲憊感襲來開始鐵腿有點不良於行腳趾上的水泡還破惹，照姊接的計劃是要租腳踏車踩上橋這不是要我死嗎，而且當天風超大加上我體虛，光是走在路上我都快被強風吹走，最後決定在漁人碼頭吃吃名產in and out漢堡然後逛小店就好，反正看過《猩球掘起》就知道金門大橋早被Cesar弄壞了現在那座是假的是A貨不看也罷。

　　二度來到漁人碼頭已無昨天的觀光客興奮感也沒吵著要去看海獅了，見到海鷗心情跟看到鄰居張太太一樣，平靜中帶有一絲冷漠希望她和牠都不要靠近我這樣。逛了一圈小店買了專門賣給觀光客的爛東西後回Hotel，專心期待明天NIKE安排的city tour，終於有車坐了不知道會不會安排去outlet呢，應該會吧畢竟大家來米國就是要逛凹累的不是嗎（才不是）。隔天十點喜孜孜的在大廳集合聽聞我們要去金門大橋十分震驚，竟然不是去花錢的場所我不

能接受！啊嗯勾捷運尚未復工不跟這攤我們也去不了別處，只能黯然坐上小巴慶幸昨天沒看金門橋啊。在路上大家討論看完橋要幹嘛，結論是要去漁人碼頭吃in and out順便去花街根本跟我昨天的行程一樣，可身為服從性很高之人我也就順從了不然怎麼辦（兩手一攤）。

　　三度來到漁人碼頭心情已不是平靜能形容，沮喪也不夠精準我想就是一種堵爛吧，看到海鷗everywhere心想馬的滿地都是屎為什麼你要亂拉屎（搖海鷗肩膀）（咦牠好像沒肩膀）；聽到海獅在鬼吼不懂海獅的父母為什麼生牠養牠卻不教育牠，讓孩子在大街上鬼叫這樣像話嗎（甩海獅巴掌）！最後兵分兩路一路人去吃in and out我和老公和姊接去吃沒吃過的東西，在等車來接時我們連逛都不想逛，三個人擠在停車場收費亭裡免得海鷗拉屎在我們頭上，亭上有時停著海鷗好想拿槍掃射牠，在米國擁槍不是合法不知哪裡有賣啊。

　　幾個小時後就要上飛機了，在米國的短短三天半裡老子來了三趟漁人碼頭，不，加跑馬經過我其實來了四趟是有多愛漁人碼頭，我連淡水的漁人碼頭都沒去過那麼多次我娘家還在那旁邊哦，怪都怪捷運罷工害我們走不遠，更悲傷的是我一上飛機幾小時後捷運就復工惹，歪果忍你他媽是在耍我嗎，如果這不是衰小那什麼才叫做衰小啊（苦瓜臉）。👨

旅遊陷阱
愛字意

　　我發現很多人出國就會變得比較friendly，就是明明在逮丸時，路邊有人找你講話是腳步不會停的揚長而去，或是一付不耐煩的臉說謝謝我不需要，可一旦出國就會變得很和善，雖然說這也不是錯，就是想讓當地人對台灣人有好印象嘛（是說人家又不知道我們是台灣人），不過有時我真的覺得沒必要，畢竟出國在外人生地不熟，對陌生人應該有更大的警覺心啊是不是。

　　像上次去舊金山時，抵達當晚要去吃飯的時候在一個十字路口等紅燈，我一回頭竟然看到溫尢和一個同團的人在跟一個黑人聊天感覺相談甚歡，是說外子是個講話沉悶的人平常在台灣也很少和人聊天，所以看到他馬上交到歪果朋友我覺得太不可思議，而且那紅燈很長他們真的聊了很久啊，應該已經交換手機號碼了吧。離開後我忍不住問他聊了些什麼，他說一站定那個老外就主動搭訕，雖然他覺得怪但我們才有朋友來過舊金山，友人表示當地人都很友善超愛跟人聊天的所以他也不疑有他地聊了起來，阿豆仔先問他們從哪裡來有沒有來過米國，然後介紹了一下阿咩李卡，總之就是個熱情的當地人之形象，介紹完後跟他擊了個拳接著問他有沒有菸，然後他們才理解到對方只是想討菸不是熱心啊嘖嘖嘖。

　　同團友人給了他一根後那人突然問他們想不想要好東西，接著從口袋掏出一小包意味不明的粉末說是好貨叫他們聞聞看，我老公罩子很亮沒去聞沒想到同團的人立刻把鼻子湊近聞了一下都不怕出事朽，終於綠燈亮了我們要走了眼看交易失敗歪果朋友改跟他們要兩塊錢，看他們都不理急起來說那一塊就好，說什麼都想A一點就是。然後老公參透了為什麼友人覺得舊金山人很友善超愛跟路人聊天，他是遇到了要錢的只是聽不懂洋文兒才以為他們是閒聊吧（宣佈破案）。

事後我住在舊金山的大姊說這事實在太驚險，因為那條街是當地著名的同性戀大街，溫犬白嫩溫文的長相還有神祕的東方風情簡直是他們心中的 Angela Baby 啊，一個不注意就要被扛走了吧，然後醒來覺得咦怎麼後邊兒有點疼，好像剛剛有人闖入我家（肛）門這樣。最後提醒大家出門在外別亂拿別人飲料或亂聞人家手上的東西，免得醒來發現腰涼涼的原來腎被割走惹；還有千萬不要因為出國了想說不能讓別人笑台灣人小家子氣就亂跟人交好，千萬不要忘了連恩尼遜的女兒是怎麼被人擄走的，我們可沒有一個勇健的爸爸來救我們出去啊（幸好我也不好賣就是）。👨

128

結婚週年之麗禧遊記
（姨媽去屎）

　　想想其實也是很莫名，因為<u>溫刀</u>過節的氣氛一向不算高，上次情人節吃的是巷子口雞腿麵（有雞腿算高～～級了），生日也沒怎麼好好過（男人！），結婚紀念日是哪天我本來根本不記得（但也不能怪我，因為我們高雄一場台北一場登記又是另一天，誰有辦法記得那麼多日子啊），剛好結婚快滿一年之前工程師出國三禮拜，沒見面總是特別的想念不像在家時根本相看兩生厭，有次越洋通話時他突然說結婚紀念日要到了耶要不要過一下，於是這件事就埋在我心中了。因為他只會提議不會思考，要是他思考了我又覺得爛透了比如大冷天去七星潭之類，剛好天冷了那幾天我老想著泡溫泉，於是就這樣決定了去麗禧飯店過一個健康又荒淫的夜晚，慶祝結婚一年還沒互砍吧！

　　去前我抱著很大的期待想要一直泡在溫泉裡泡到浮起來，孰料前一天姨媽竟然微微的來了（就是微微的，只來<u>一蘇蘇</u>女生應該懂吧），是說姨媽真的很賤，因為去前我有查一下文獻差不多是第二十八天，可我姨媽都三十三天左右才會慢慢的來這樣，結果因為我要度假她很想跟竟然用手刀在第二十七天就奔來超不要臉姨媽<u>呷賽</u>姨媽<u>細厚</u>！為什麼重要時刻她總是要跟著<u>囊</u>道我也是女明星嗎？因為衛生棉廣告裡女明星的重要時刻姨媽總是會來，然後女明星還要穿淡色衣服是有什麼毛病？我真的很害怕看到林依晨穿白褲子跨上熱氣球鏡頭還特寫屁股啊啊啊（抱頭）（最近是陳妍希窄裙騎腳踏車一樣有毛病）。雖然網友說可以在房間泡然後用棉條可我覺得還是某<u>蓋厚</u>，說到這我想到友人去泡大眾池看到旁邊的女生一站起來下面一條線的故事，她是在詮釋一個婚禮拉砲嗎一拉她會衝向天際，那個來就別泡了吧不好啊（苦口婆心）。

　　忘了說本來覺得麗禧飯店很煩，因為事前他們有電話逼問我衣服和鞋子尺寸，我想縮就一般size啊去飯店我還沒遇過穿不下浴袍的，可他們堅持要細問

我真不明白，前一天還有致電確認內容飯店衣服是要多合身，結果一開門看到床上擺著衣服一拿我就明白瞭，他們有附讓你在館內走動時穿的衣服，不是薄薄爛爛那種，是有點厚度挺舒服的厚到可以不用穿奶罩的，穿這個走下去泡大眾湯很方便，還有室外塑膠拖鞋整個很貼心，只是爲什麼我的上身是M號下身是L號囊道他們有聽聞一些關於我下身的傳言嗎（下眼眶上下抖）。

　　麗禧超高～～級，房間裡的池有冷熱的我好像第一次住到（還是這很常見是我沒見識），我們房間view超好看到這真的覺得姨媽很賤啊（掐姨媽脖子）。廁所真是大，泡澡區和淋浴區和馬桶有分開這樣，對了還有替您洗月工的免治馬桶，我常疑心爲什麼免治馬桶在找屁股時都找得如此精準，裡面是有紅外線測菊花裝置嗎（或是斷層掃菊花裝置）（那是什麼鬼！），冬天遇到坐下去是溫熱的馬桶而且不是被前一個人坐熱的，我的內心充滿港動啊。

　　因爲姨媽也跟來的關係不能這個和那個（到底是哪個），我把熱愛泡湯的家母美雲急摳來讓她泡一下，反正姨媽都來了房裡沒差多一個大媽（自暴自棄），讓美雲在房間裡她泡澡我泡腳一下，工程師本來和他的哎配相依偎被我趕去泡大眾湯，因爲我看大眾湯一人要NTD1600啊，泡到賺到他不想去我還生氣，我是家庭主婦啊不撈本很甘苦的啊。隔天吃完早餐我想逼工程師再去享受一下大眾池，因爲聽說他們的男女大眾湯每天會互換今天去跟昨天是不同的，但工程師只想窩在房裡和他的哎配長相廝守，我說那不然在房間泡吧他說不用昨天泡過了，我想說你昨天也玩過哎配前天大前天也玩過哎配啊（翻白眼），唉，想到人生中要再有機會去這麼高～～～級的地荒不知要等到何年何月，要不是我泡了鯊魚就會聞血而來（鯊魚罩子很亮不可不防），我何必這樣苦苦哀求你泡一下撈個本呢。

後來我在收行李他也在玩哎配，我想工程師根本不用出門度假因為他去哪都跟在家一樣，而且明明都在玩阿佩走前還給我上演依依不捨說這裡真的好棒（鼻孔噴氣），最後容我再說一聲姨媽呷賽姨媽細厚姨媽陰刀灰朽厝啦。

去代天府嗯免去迪斯奈哦……

地獄

見習

台南 麻豆代天府
王爺總廟 新南瀛勝景
721 台南市麻豆區南勢里關帝廟60號
06-571 0294 www.5god.com.tw

　　大年初三不免要去走個春，今年和一群朋友約去台南代天府十八層地獄，大過年的幹嘛去這麼不祥的地荒我也不雞道，但吾友沒西約我就去了因為我很隨和還有離開婆家哪裡都是天堂（說出這種話我不入地獄誰入地獄）。

　　代天府是座很大的廟，旁邊還會賣些茶葉蛋烤香腸那種，應該是觀光客會去的地方吧，十八地獄只是它裡面的一個小設施。每一層有一個小劇場演出故事，人會動還有配音非常大製作，旁邊還有解釋人做了什麼會受這刑，對了這些演出是靠紅外線感應的超先進，是有人到前面才會演，如果你都不動想看第二輪nosu（有的太精采真的會想看第二輪），這時就要派個人去附近晃一晃觸動機關才會再演，真是部好萊塢大片（到底把好萊塢當什麼惹）。

椎廟好了
就隨我采吧

來去迺地獄～第 1 站

進去是要錢的。功德箱上說建議每人
四十元但實際上是一定要，真是蠻橫
的地獄使者（心儀）。

來去迺地獄～第 2 站

進去後牆上先有一些衰人的圖他們就
是下地獄的人吧。

來去迺地獄～第 3 站

裡面造景其實挺華麗這四十塊花得非
常值得。

來去迺地獄～第 4 站

此景做得像包公審案一樣，大人會說
你怎樣又怎樣該當何罪，犯人會說大
人饒命啊安捏。

來去逛地獄～第 5 站

犯人被審完後還會被帶去讓虎頭鍘切
切切哦，是不是個很完整的故事。

來去逛地獄～第 6 站

其實做得挺逼真的，還有小孩被嚇哭
（但哪裡來的奇怪父母要帶幼兒進去）。

來去逛地獄～第 7 站

這人我拍他的意思是他長得很像真
人，我疑心是有人偶壞了所以工作人
員上陣演。

來去逛地獄～第 8 站

這是時下很常發生的偷斤減兩惡廠
商地獄，做生意不誠實小心被狗吃
蛇咬蛤～

來去逛地獄～第9站

但也別說別人了，我的地獄不是隨即來了嗎（點菸）。原來不孝媳會被巨石壓，本來要叫惱公幫我跟它合照的先培養一下感情（這麼得意）結果人太多了所以黯然的離開。

來去逛地獄～第10站

沒差反正以後還是會去啊，我會練好胸口碎大石的等我蛤～怪的是明明主題是不孝媳，但裡頭被巨石壓的都是男能。圖中的是男的吧？

來去逛地獄～第11站

接下來是目無尊長地獄要受「大秤」之刑罰，我是想說有時父母真的有點欠教訓，但目無尊長會有此下場還真為難啊～

來去逛地獄～第12站

沒劇場時附近還會有造景，這是血池有人在漂。

來去逗地獄～第13站

這是拉出腸子地獄，而腸子是用電話線來詮釋。是說我覺得腸子是白的只是帶了血，不至於整條紅吧？正所謂魔鬼藏在細節裡，希望年度裝修時可以把腸子改一下。

來去逗地獄～第14站

這很明顯是切舌地獄，為什麼不是拔呢，因為獄卒手上的是一把刀，這裡我也是建議整修時改成鉗子，畢竟人人都說拔舌地獄咩。

來去逗地獄～第15站

天堂入口就在地獄出口處，一樣要給40元入場費，入口處一樣有些壁畫，不同於地獄的衰臉人，天堂的人們比較陽光（吧）（並沒有，這裡的人眼睛都分很開讓我想到某任前男友）（剛上天堂又要去被拔舌頭惹）

來去逗地獄～第16站

壁上還有一些仙女在飛，許是飛不停臉上一直吹風吧，所以粉都崩了好想幫她補一下。

下完地獄上天堂～第 17 站

然後門口有一尊齊天大聖。

下完地獄上天堂～第 18 站

細看他原來是個拓湯。

下完地獄上天堂～第 19 站

天堂主打有仙女和眾神，但我覺得仙女看久很不祥，是一個紙紮天堂的港覺，站在後面的小童很像靈堂裡會看到的東西，不同於地獄很大，天堂非常窄是建在樓梯邊所以也不太好拍照。

下完地獄上天堂～第 20 站

雖然跟地獄一樣有很多場景，但每個的旁白好像一樣在描述就是善人和仙女的面上笑容何等快樂，但仔細看仙女的臉哪快樂啊，根本就是靈堂裡的東西啊，看久我反而覺得天堂異常陰森啊（披外套）。

~ 終點站 ~

出了天堂看到瓦靠竟然是這付壯闊的
景象，我敢說一句：去代天府，嗯免
去迪斯奈哦（最好是）。

對了還是要廢話一下，因為犯人都穿市場品牌的中年人服飾，所以看起來都像你我身邊
的鄰居感覺好親切。然後這天玩完回家後上台北隔天回娘家，沒想到我娘美雲不知哪弄
來了也是身穿市場牌中年人服飾（還不就去買的），原來是她和我姑這對姑嫂一起去逛街買
的，我問工程師說她們像不像十八層地獄回來的姊妹老公也說像極了。原來下地獄的事
不是傳聞在身邊也會發生的所以諸惡莫作啊（警世）（明明只是都穿市場服來著）。

5

好媳婦話題

促進家庭和諧之
運動救婚姻

為了消耗婚姻中的火氣，
宅女小紅竟然在兩個月之內成為一名半馬選手？
人妻罵老公之餘，別忘了轉怒氣為動力港快動起來，
抒發壓力之餘還能得到一個緊實的屁股，
屁股俏了，這生活的一切紛亂不也就放下了嗎。

慢跑對促進婚姻
和諧之重要性

　　2013算是我人生的里程碑，因爲能躺絕不坐能坐絕不站的哇奔郎，竟然在年底完成了NIKE女子舊金山半程馬拉松（挺），活到三十有六正式從懶散的女人變成一枚半馬婦人哪（撥瀏海）。其實在下本來並非愛運動之人，完全是爲了此活動兩個月前才開始硬是去練跑算是跑到血淚交織，跑完了事本以爲會封腿一輩紫，結果我竟然還是持續的跑著連自己都意外，我想重點是我發現慢跑對於促進家庭和睦根本有妙不可言之功效，非常推薦各界主婦爲了家庭和諧一起來奔馳。

　　友人小慧是個兩歲孩子的媽，因爲先生在練鐵人的關係她也有參加運動訓練，但主要目的是爲了瘦身，產後婦女要恢復到產前的身段也許對有些人是容易的吧，但對我們這些胖底的人來說應該並非易事，一定要讓身體動起來不然代謝它就停了就停了啊（點菸）。每週二是鐵人團的跑步練習日，橫豎她也跟不上那些人的腳步，所以我棉自組了婦人慢跑團，在鐵人附近用自己的節奏一邊聊天一邊龜速練跑，主要是我們也發現了跑步要克服的並非體能，不是那跑到一半力不從心的感覺，最需要打敗的其實是乏味又枯躁，在操場那種地方一個人繞著圈圈跑根本超無聊沒幾圈就累鳥，兩人結伴可以跑跑聊聊對增進路跑長度有妙不可言之功效；再者我們做人太太心裡總是充滿壓力，我是白天上班晚上寫稿還要整理家務伺候老公的壓力，全職主婦則是明明比上班還累帶孩子沒假日卻沒薪水，付出很多卻總覺得自己被當閒人可一點不閒啊的壓力，再加上爲人母做人媳婦根本一點也不輕鬆女人的人生好沉重，這些事身邊理應最親的男人卻一點都不懂，然後一不小心的每週的跑步練習就變成我們罵惱公的聚會，第一次邊跑邊罵不知不覺就跑了10公里還雙雙覺得意猶未盡呢（是有多好罵），後來有一次還挑戰人生中第一次的15公里

竟也不算太累的完成了，我們發現罵老公時都沒感覺腳在動耶實在好玄，應該是一種心靈得到洗滌的港覺吧又像跟神父告解完好輕鬆，透過每週的跑步聊天可以釋放心中不滿，對太太來說真的超減壓的呀。

網友說妳們這些太太這麼討厭老公是很想離婚吧，但就像愛邊看《風水世家》邊罵，但每天都還是要看重播也不放過的人，這叫愛之深責之切啊外人怎麼會懂。罵明明是希望他進步對他有期待，以及聽到別人老公也這樣，心裡會有「原來我那口子也不算太糟啊」之感，進而更珍惜婚姻呀；而且有時罵一個太兇猛回家還會有點過意不去，覺得好像做了什麼壞事反而對老公更體貼，你看罵老公根本是百利無一害的事哩公丟嗯丟。而且我們不是邊吃下午茶邊罵而是邊跑邊罵，抒發壓力之餘還得到了緊實的屁股，有了俏屁股這家庭不就又和諧了許多。

有天看到一個新聞，是一位台灣婦女參加希臘超馬，順利跑完246公里為國爭光的報導，這位太太也不是練家子，她說是婚後搬回婆家，面對家庭和職場的壓力才開始跑步，不知道大家重點畫在哪，我是把「搬回婆家」、「開始跑步」兩個關鍵句嗨賴了，意思是她為了不想回家可以在外面跑五天五夜啊（應該不是這樣），說一句：「媽，我出門跑步囉～」可以半個月才回家呢也太棒惹（真的不是這樣），這麼優惠的訊息太太們還等什麼快開跑吧，住婆家的光跑馬不夠要練超馬才行哪（是的我觀念偏差）～

路人變鐵人之
路迢迢

　　我會開始跑步是因爲NIKE約我參加舊金山女子馬拉松，不太運動之人一跑就是21公里聽起來是非常嚇人，連開車都要十來分鐘我竟然要用雙腿完成它，其實對方根本是想我去送死吧，說到這，市面上不是有些部落客會帶團出國嗎，在我看來帶團眞是個肥缺，因爲有錢拿又能出國玩不是人生中的雙贏嗎，這種好事怎麼從來沒找我過呢。終於有天有個旅行社約我去帶曼谷團，就是帶團先驅女王最愛的曼谷，難道我侵門踏戶成功了嗎，正得意著呢回家打開新聞才發現那時曼谷有暴動，所以對方就是要我去送死就是，因爲女王的性命比較珍貴所以有危難時改派我去是嗎。

　　然後回到馬拉松上（跳一下），雖然鄙人曾有長跑經驗但最遠只跑過10K，而且後半段還是用走的這樣的我能跑完21嗎！從訓練到開跑不過一個半月啊啊啊～～最可怕的是答應後我估狗了一下舊金山，才知道它是個以坡多聞名的地荒，所以除了路程長以外跑的還不是平地是上坡（用頭撞牆），事到如今只怪自己沒念書不知道舊金山竟是這樣險惡，這也是個機會教育告訴電視機前的小朋友平常要多吸收知識蛤。

　　其實我本來沒想答應的，怪只怪對方說這活動之前是找張鈞甯這次找我，如果各位對我有粗淺的認識多少知道鄙人號稱藝文界的張鈞甯吧（撥瀏海）（眞的不是我自封是大家都這樣說的啊），我以爲這是一個各界張鈞甯的傳承活動才答應，但現在後悔也北乎啊只能用力練跑了不然怎麼辦，如果我客死異鄉都是張鈞甯害的我晚上會去找她（她也太無辜了吧）。但我也不算亂答應啦，在下小時候是標準的頭腦簡單四肢發達之人（長大是頭腦簡單四肢也鈍了這樣），以前是練田徑的只是年久失修，本以爲人家找我是知道我有底子是藝文圈的洪金寶（稱號好多啊我），後來才知道一個陰暗的事實，就是找我去的人自己也要跑，她想縮我這

付德性八成比她弱要找我去墊背，看來眞是一個送死計劃就是。

　　幸好主辦單位有安排運動課程，教練是一個陽光男孩兒每個禮拜帶我們跑間歇，間歇洗瞎毀它就是跑跑又停停眞他媽的累，如果你有在慢跑的話，就知道千萬不能停啊一停下來腿就重了，雖然我們一再強調自己只是OL請不要過度操練，可如果以跑完21K爲目標訓練期又不到兩個月，當然要操給它死啊不然怎麼辦。第一堂課結束前教練說如果妳們待會餓的話千萬、千萬，他講到頓點時我和同伴都背脊發涼，想縮該不會是千萬千萬不要吃東西吧，幸好教練是說千萬要進食不要爲了怕胖不去吃，開玩笑老子如果怕胖怎麼會胖成這樣我會怕死自己吧，要吃東西是本能根本不用提醒的啊（戳教練太陽穴）。那天回去後我打開家中糧倉瘋狂進食，是把零食打開仰著頭往嘴裡倒的瘋法，而同伴據說活生生吃了兩碗麵該不會懷孕了吧，看來路人要變鐵人最先要克服的是食慾不是體力，中年OL的鐵人之路眞是路迢迢啊。

路人變鐵人之
間歇日記

前一篇說到NIKE有為我們安排間歇課程，這好像是個加強心肺或肌耐力的訓練（吧），內容就是在限時內跑完幾百公尺，休息一下再跑跑完休息一下後再跑，就這樣反覆來個十次是個大輪迴，而且這是有限時的不是慢慢跑，比如300公尺90秒跑完，休90秒後再跑300一樣限90秒，對跑步有興趣的朋友可以自主訓練看看，就能體會到這招真的非常整人哪。

有次間歇日遇雨只好暫停一次改室內運動，本來我有點失望的因為覺得練間歇對跑步很有幫助，直到教練說本來這週要跑5次300 +10次200 +5次400，我開始真心感恩上蒼降了及時雨，不然真要跑下去腿就廢了吧我等OL有必要這麼拼嗎。啊嗯勾室內操練也沒有咔輕鬆，做了一些運動後我以為就這樣了原來只是暖身！之後教練設計了七個關卡，每關要做一個肌力運動30秒，做完轉到下一關休息30秒再做，這遊戲好為難人因為老人家的腦力不好，教練反覆教了五次大家還是會忘掉下關是什麼，教練顯得有點無奈可能沒料到怎麼有一群人記性這麼差吧，可是我掐指一算如果我早點內個啊（哪個呢），我都可以生出一個像他這麼大的孩子了，肖連郎怎麼能強求一個老婦記這麼複雜的事，我現在只記得二十年前的事最近的事都忘光光了啊（好悲傷）（更悲傷的是我擔心二十年後我會突然想起這七關是哪七關，畢竟老人只記得很久前的事啊）。

終於把記不得的七關做完幾輪累得半死以為本日畫下句點，此時天殺的教練突然爽朗的說：「我們跑上15樓吧！」，是說就算我家住15樓又剛好停電我都會去住motel誰要徒腳跑上15樓？但我們不是普通人是NIKE女子遠征隊啊教練說跑就跑吧（含淚）。跑跑停停終於也攻頂成功，正打算去坐電梯下樓時竟然安全門是鎖的出不去，我們被困在樓梯間了啊，而且還是十五樓的樓梯間啊啊啊（抱頭），只好拖著半殘的雙腿慢慢走下去，我不死心的每下一層

就試拉安全門只差沒大叫放我出去，終於走到8樓時有好心的公司沒鎖門哦耶我們按到電梯惹阿們，那家是個休閒鞋代理商，我決定以後都買它家的鞋希望大家也去買，但寫到這發現我忘了牌子啊歪夭夭夭，也許二十年後就會想起來吧到時候再通知大家蛤。

路人變鐵人之
陽光少婦好後悔

　　經過幾次的地獄集訓後我發現我可以閒來無事出門跑10K了，果然有訓練有差啊路人也能變鐵人，然後不知從哪生出信心覺得半馬真是小case啦（對21K搖小指），我想我應該能輕鬆愉悅地跑完它吧，不過在首次的路邊訓練後我又發現我太淺了，跑馬它真不是開玩笑的要尊敬啊（敬禮）。

　　雖然教練老說要進行週末的馬路訓練，但一個月來一直沒成行因為大家都很忙，終於某個禮拜六約成了，啊嗯勾是約早上七點半在故宮集合，早上七點半啊就連上班日老子都八點半才起床咧，約那麼早是要逼死誰呢（還不就我）。做了暖身的拉筋運動完開始往山上跑，這是在下第一次跑連續上坡，以前都馬上上下下的，辛苦的跑上後起碼有下坡能休息，頭一回遇到不停往上奔才1K就覺得天國近了，難怪山邊的電線桿上常有這幾個字，是在提醒路跑的人別再跑了吧（才不是）。我們在跑的這個中央社區路線，多年前我還是單車少女時還挺常跟車友來這攻頂，想到彼當時這種連續上坡騎車我都累得半死了，現在竟然要靠雙腿跑上去我是有什麼毛病，等等，我現在在做回顧嗎，這種往事歷歷在目感該不會我快屎了吧（有那麼累嗎）。繼續跑到2K左右我們三個女生都在哀嚎，教練只好不得已的允許我們停下來，原來跑山跟跑平地差這麼多，看起來緩緩的坡跑起來根本要人命啊（明明是自己太弱）。休息過後教練指示要再開跑但弟子們很頑劣都不想抬腿，教練只好宣佈再跑十分鐘就回頭下坡，可區區十分鐘也讓我覺得前面是隧道隧道裡有光，跑山路也太硬了吧我又開始後悔報名舊金山馬了，我的人生真的活在後悔當中哪。

　　結束後隊友紛紛表示跑完很爽可我只覺得很累，心底有個聲音告訴我下次再約集訓要不要假裝有事好了（顯示為超沒出息），是說人為什麼不能坐車一定要跑步呢，事到如今只能安慰自己我是健康的陽光少婦了呀。

半馬婦人
誕生記

　　辛苦的訓練就是爲了開跑這天，當天早上六點開跑我們爲了拍照五點就集合，因爲時差的關係整個睡不好那天只睡了三小時吧還要長跑應該是天要亡我，走出去天色還暗著但整條路上都是人不愧是知名馬拉松盛會，現場有DJ放歌還有人在高台上熱舞，路邊則有很多變裝的跑者根本像趴體糾歡樂ㄟ，此時聽到廣播一字一頓拖長音說are ～ you ～ ready ～我好緊張腎上腺素像要噴吃來旁邊的人不小心踩到會滑一跤吧（怎麼它ㄒㄧㄡˇ ㄒㄧㄡˇ的嗎），結果是are you ready for一個小時後聽完馬上消轟，是有沒有必要這麼早蕊好，爲了怕跑到一半想放尿我去排廁所排了半小時才輪到，特別寫出來只是想告訴大家外國的月亮沒有比較圓歪果的流動廁所一樣臭又髒，常常很多人會批評國人的習慣不佳然後說國外都不會這樣等等，以後請大家不要再妄自菲薄了阿豆仔其實也沒多乾淨啊。

　　離題，回到馬拉松上（跳一下），來跑前住在舊金山的大姊就跟我喊過話，不是幫妹妹加油而是鐵口直斷說這裡路段很艱險風又大而且冷得要命，我是個怕冷之人一定會去掉半條命，她特別做了「宅女小紅加油～不要屎」的牌子站在路邊提醒我不要不小心屎了，想到家裡雖然女兒這麼多少一個理應不算什麼，可姊接還是溫暖的給我鼓勵尊是好溫馨，我要拼了（綁頭巾），人生中的第一匹馬我來了））））（握拳）

　　跑出去時我才意識到沒法回頭了（其實坐上飛機時就該想到了吧），接下來無論多甘苦只能努力往前衝，時間大概是早上六點（吧）天色慢慢亮起來路旁有很多加油的樂隊或歌手或舞者，我很納悶他們在表演給誰看，大家根本不會停下來欣賞啊。很慶幸一起跑的編輯Iris是個二百五她帶了隨身聽沒帶耳機，導致本來打算聽音樂跑的她現在只好跟我聊天，有個人邊跑邊聊感覺輕鬆多

了，於是這一路上我們就開聊著有時她追著我有時我追著她（怎麼很像員外在跟丫嬛玩的感節），兩個人都累時就看看路邊有沒有不順眼的人催個油門追上她，要是遇到身材特別好的一定要繞到她前面，還要說一些身材好了不起嗎還不是跑輸我們之類挑釁的話，在歪果忍面前可以大方的把心裡的O.S.講出來真是太爽了啊（小朋友勿學習）。

　　跑著跑著能聊的都聊完了竟然還不到五公里，都怪她有個好老公沒什麼好罵的，如果能一路罵老公我一定能跑完全馬的，不，跑超馬都沒問題吧。此時隊友Iris突然指著遠方語帶驚恐的說：「妳看！」順著看過去是個大斜坡上面是密密麻麻的人，看來平地結束要開始跑坡了還是個挺斜的坡，那斜度讓我只能送個干字給它不對它是洋坡要送F＊CK它才懂，總之看上去好陡啊花惹發（←洋文兒，不懂就算了小朋友別拿去問媽媽啊）～但再陡也只能手刀衝上去啊不然怎麼辦，Iris想用走的我還喝斥她叫她不要停，除了溫尢外我沒想到此生會對其它人說出不要停三個字（咦我在分享什麼！），跑著跑著遠遠看到惱公在路邊，原來雜誌設的第一個拍照點到了我趕忙戴上大鼻子。經過漫長又沉悶的過程看到自己人有他鄉遇故知的喜悅，我們就像胡瓜節目裡那些廟口的婦人很熱情地對著鏡頭打招呼，本來有點累了還甩掉疲憊換上一張啦啦隊似的熱情笑臉，你知道的老身都三十有六叫我笑得那麼天真燦爛再給我一次機會我搞不好笑不出來呢，結果NIKE公關一聲令下說重來，雜誌要的是自然的彷彿不知有人在拍照的那種照片，我們只好黯然地回頭重跑一次，事後回想這一圈太影響成績了如果沒繞這圈可能有機會為國爭光吧（最好是）。

　　拍完後也不能停歇我和Iris繼續跑著，她的計劃本來是第一站拍完我們就分開跑，但我太怕沒人聊天會毀滅掉我的意志所以很堅持地盯著她逼她一

起，我猜她想了很多方法想甩掉我吧，之間甚至有告訴我她內褲很鬆等等，我則是正色的告訴她外褲先掉內褲才會掉不用怕，別擔心跑就對了（嚴厲）。5K後開始有補給站，路邊有水站和食物站給跑者一些巧克力補充熱量這樣，不是我在說歪果忍真是瘋的，那天氣溫很低是一停下來就會起雞母皮那種，然後路邊還給我發冰水想冷死誰。跑到一半就算了最後跑到終點時人都停下來感受到冷時，領到的水也是冰的好可怕，接著又領了一罐巧克力牛奶還是冰的洋妞的子宮受得鳥嗎？

跑步就是這樣也沒什麼訣竅就是一心一德的往前跑，我們還有任務就是邊跑邊等著15K處第二個拍照點準備被拍，終於看到路邊有熟悉的身影惱公在前方啊～～他跑到很前面迎接我們陪著我們一起奔向攝影師還邊喊加油，Iris說她看到那幕有點港動鼻子酸酸的，事後惱公說因為那天好冷站著不動恐會發生路有凍死骨憾事所以他才跟著跑，所以縮婚姻裡沒有感動只有感慨婚前請三思。

第二個點拍完Iris說她鞋帶鬆了叫我繼續跑別管她，事後她坦誠看我跑遠鬆了口氣終於甩掉我了，於是她站在路邊悠閒地吃巧克力這人也太沒榮譽心了吧（斥責）。後來我發現沒人聊天我跑更快，可能是無聊到想趕快衝向終點結束這一切吧。怪的是也沒疲累感研判是跑到逞盤惹，就覺得腿自顧自的在動跟我沒什麼關係，這是穿上紅舞鞋就一直跳舞停不下來的少女那個故事吧恐怖額～最後不知不覺就看到終點，從沒想過這輩子能徒腳完成21K的我竟然完成了！進入終點門時看到前面的人都舉起手於是我也默默舉起雙手，但隨即放下了沒線可衝破還舉著手實在空虛啊。本來以為會哭的因為看別人第一次跑完大賽都馬在哭，結果我是正色的跑向攝影師問他有拍到嗎要不要再來一次然後重覆在

他面前跑了三四回，一切結束後才意識到我跑完半馬了啊～

　　舊金山女子馬拉松迷人之處在於完賽獎是Tiffany項鍊，是特別設計的想買也買不到，由穿著西裝的消防隊猛男拿給選手真是太尊榮，領完有照相區很多位消防員在那專門讓大家合照用，我排到一隊兩人一組會把選手扛在肩上我不能免俗的也讓他們扛了，正在為自己很重還要人家扛真是太丟逮丸郎的臉感到羞怯時，看到前面有美國大胖子（沒有羞辱的意味，但去了米國才知道米國人胖起來很驚人我根本小鳥依人啊）竟要求猛男單獨將她公主抱，消防員也是人生父母養的為什麼要這樣折騰人呢。

　　最後一切都結束我和Iris坐上選手車回市區時一坐下兩人都舒服地嘆了一口氣，沒跑過馬拉松真的不知道坐下來有這麼爽，突破自我心中真是充滿喜悅，除此之外還得到一個頂摳ㄟ屁股，感謝NIKE約我跑步，從今天起請叫我藝文圈飛躍的羚羊蛤～

女孩路跑
注意事項

　　我在想我runner的形象是不是已經深入世人心，不然爲什麼有天我打開FB就收到一堆留言貼給我這個新聞：「全球瘋慢跑，只要穿上慢跑鞋，換上運動裝，隨時隨地都能進行，輕鬆方便又省錢，而且還能瘦身兼塑身，尤其是對下半身曲線的鍛鍊特別有幫助，可說是最適合久坐上班族和旱鴨子的運動。長時間持之以恆，下半身肌肉是緊實了，但有超過五成的女性不知道慢跑會『下垂』，不只是胸部，臉部（尤其是雙頰）也跟著步步晃動，不少正妹網友感嘆『緊了下半身卻鬆了上半身』，眞是情何以堪。」

　　這樣的說法我之前就聽過，而且還拿去跟愛運動的朋友討論，但因爲友人眞的是酷愛運動的女人所以是嗤之以鼻啊。也是，就像所有人跟我說吃辣傷身時，我都強調辣椒裡富含維生素C是所有蔬果裡最多的，吃辣椒根本是件養生又健康的事再說它壞話我跟你絕交，我們都是愛到深處聽不得一絲它的壞話就是，這是一種盲目的愛啊跟她討論有用嗎？

　　然後我檢視了一下臉頰肉，因爲天天看自己我一點感節也沒有，可能要停照鏡子三個月驀然回首發現自己變成許傑輝演的周遊釀（阿姑對不起），才會驚覺跑步有在我臉上留下痕跡吧。後來跑步時又留意了一下臉部的動靜，然後發現不得鳥，慢跑雖然眞的不算激烈之事可是我臉皮都有在震動，所以只好買了一些芸芸在廣告那個紅膠原想縮圖個安心，是說那果凍好好吃哦比盛香珍或乖乖桶裡的好吃千百倍（廢話那是一個要NTD78的貴婦果凍啊），希望我也能發現少女光。

　　至於奶給晃鬆了在下似乎有那麼一點，這件事不是我自己發現的是工程師發現的，就有天他突然用斥責的口氣告訴我我的胸部變小了叫我不要再這樣下去了，我一聽大驚雙手撫胸用手秤了一下說有嗎，他很肯定說有的，本

來是這樣（用手掌比出一個深一點的凹槽），現在變成這樣了（手掌略為攤平凹槽淺了一點安捏）語氣充滿不悅，男人是怎麼回事我有時換了髮型或是家中擺設變了他都不一定會發現，怎麼奶容積變小一丁點他馬上就有感受，真的如此用心在品味我的奶嗎。後來我去照鏡子發現真的耶，也不是像隔夜的氣球釀縮了而是上胸的肉變少了，如果你看過漫畫《雙響炮》的話，就像那位太太一樣變成兩個尖尖的指著地上（需要形容的這麼深刻嗎），可這不是女人老化的象徵嗎？人老了膠原蛋白就離我遠去了咩，或許跑步有加速這件事的進行吧，可我很沉醉在腿變細的感覺裡跑步不能停啊。

幸好報導裡有教女性朋友跑步注意事項，讓您在鍛鍊下半身之餘也不用放棄掉上半身，所以接下來幾點愛跑步的女生快用螢光筆畫起來吧：

一‧不要跑太劇烈
二‧無論晴天陰天，白天跑一定要擦隔離霜
三‧化妝不跑步
四‧健康飲食

關於第一點我覺得慢跑一向不是件激烈的事，但一件穩當的運動內衣還是不可少，我穿的都是緊到我發脾氣，一穿上彷彿有人坐在我肩膀（恐怖額），要脫時恨不得用剪刀剪下來那種，沒什麼彈性的才能確保奶不會過度搖擺這點女孩們千萬愛字意；然後因為路跑盛行路邊有很多路跑正妹，咩要正就要化妝啊，於是我真的看過很多濃妝女生在跑步實在很莫名，可新聞說跑步時毛孔會張開，這時上了妝會讓毛孔塞住容易長痘痘或皮膚變差，所以跑步時

最好不要化妝濃妝妹們現出原形吧（指）。最後就是吃得健康多補充維生素C，看來我又要多食辣了才行真不好意思（害羞什麼呢）。

　　最後我想傳達一個重點，像我們有點年紀的女人啊（點菸），大部份來說奶已經不是社交工具了她們只是生養工具，平常也不會到處拋頭露臉舞台多半只有一個觀眾惹鬆點又何妨呢（輕吐煙圈）？穿上內衣外觀根本看不出緊緻程度啊胸線高是能出國比賽朽，反而腿部曲線比較會被人看到吧，所以如果只能顧一個當然要顧腿啊，再怎麼說運動都不是壞事廣告上都說要活就要動，所以千萬別被報導嚇到封腿了，為了健康的巴底一起動起來吧（握拳），運動後皮膚真的會好不要不信啊～

154

AV8D
一起來路跑

從以前的亞力山大常客到後來的藝文圈飛躍的羚羊（這代號好長），我的體會是運動會身體健康但不見得會瘦，我因為運動改善了換季就會皮膚癢及生理痛的問題，還有在下本來就沒什麼睡眠問題，自從運動過後更好睡，就是在完全沒睡意的情況下一躺上床也能秒睡啊（這算好處嗎）。

是說會開始運動其實只是為了想懷孕，年歲大了我無奈地體會到想要著床只做床上運動是不夠的，要讓循環旺盛身體活絡才比較容易受孕，但運動百百款為什麼會選擇慢跑呢，因為我覺得它是最方便省事又可長可短的運動，不用買配備不用扛著車上上下下，只要穿上運動鞋就能一個人進行一場小跑超方便，甚至只要場地夠安全你想不穿鞋也行最近也流行赤足跑，是不是算是運動裡面比較不花錢的一種你說（說穿了只是北厭花錢啊我）。

就這樣我從3K到5K到7、8K到有事沒事就能跑完10K隔天也無痠痛感，這種戰勝自我的港覺憑良心說還真不錯，雖然沒瘦但身體似乎變緊實了老公也說我屁股翹了啊（羞），難怪最近路跑活動這樣多還特別主打女生路跑，和我一起跑步的人妻也說跑步竟讓她如死灰般的桃花運再度綻放，就算灰頭土臉的在河濱練跑都能遇到少年仔搭訕，跑步真是件讓身體和心靈都得到滿足感的活動。

當然世間運動如此多不一定要選跑步，比起來跑步雖然方便省事但它沒什麼競賽感相當枯燥，所以我偶爾約老公一起跑他都沒什麼興緻，我在猜男人可能比較喜歡在健身房展示肌肉舉重物吧，但電視機前的太太女友們，妳們願意自己男人上健身房嗎？

那個合理的穿著緊身衣展示身體線條的場所？

那個full of健美身材女性的場所？

那個就算他兩三個小時不接電話，

只要告訴妳他在健身好像也沒啥毛病可挑的場所？

那個他回家已經洗好澡換上新衣
也不能起什麼疑心的場所！

這就是健身房啊放任男人去太太在家能安心嗎（疑神疑鬼）？當然還是跑步這類活動比較放心啊，妳不想跟著跑的話還可以逼他用個NIKE+（跑步app，可以顯示出他剛跑了多遠多久連地圖都畫出來醬），這不是比上健身房讓人放心多了還不用錢呢。

什麼！這些妳都知道啊嗯勾他就是不願意棄健身房改去路跑（他是隨？），那不如給他看看這個新聞吧：「高齡90的胡姓馬拉松健將，今年6月初搭乘客運時，在座位上『打手槍』，被左前方一名女大學生看到，用手機拍下，並請司機停車報案，警方看到胡翁還以為他只有60多歲，胡翁矢口否認，並說：『那不是我！』惟手機拍到的就是他，南投檢方昨仍將他依公然猥褻罪嫌起訴。」

一般高齡90的耆英能自己出門坐公車我都覺得了不起，但這位胡姓老翁不但可以還能在公車這麼純良的場所舉起他的＊＊，想來你不覺得非常敬佩嗎？他舉起了他的＊＊啊～～～（不知為何有點港動，需要來個火戰車的配樂）雖然我不認識90歲的老人，但在我幻想世界裡他們上次舉起來時恐怕應該是15年

前吧。一聽是90歲這行為當場從<u>不素</u>變成了不羈（有恭維之意，就跟說楚留香風流一樣其實是讚美），因為他90歲90歲了啊啊啊！！！（容我送他3個驚嘆號致敬）據說他被帶回分局時警員看外表以為他60多歲，當天包包裡還放著剛參加馬拉松得的獎盃和獎牌，所以慢跑的好處不用我多說了吧，快把這篇拿給男性朋友看，<u>AV8D</u>一起來路跑吧（招手）。👨

習武之人
的訓練

　　目前我止我參加過兩場半程馬拉松，經過這兩回現在對跑馬有兩個小心得，一是跑前一定要吃點東西不然跑到一半餓了很慌，補給站有的不見得是你想吃的東西而且人常很多堵在那好煩，不然就隨身帶點補給品邊跑邊吃也可以，太餓腿會軟掉的；二是不用急著小便，想到第一場我排隊半小時爲了要棒溜，廁所被用得太密集裡面情況也很慘烈往事眞是不堪回首，結果一跑出去路邊根本很多流動廁所排都不用排，沒什麼人用想必也挺乾淨的吧，其實大型活動這種基本設施是一定有的，懶得排隊的人眞的不用急著尿尿啊。

　　台北馬我一路跑著行經大直明水路段時，看到很多男生邊小跑邊橋老二似乎是想把它擺正，囊道歪掉會不平衡導致影響成績嗎，幹嘛沒事一定要這樣限制它自由的靈魂驛動的心呢。結果仔細一看原來他們是在路邊剛小完便正在進行收尾的動作，可明明路上一直有流動廁所，爲什麼不能進去小一定要大天光的站在路邊小，整個明水路邊都是尿味兒啊（催油門快跑）。然後我想到有次朋友去泳渡日月潭，那是他第一次參加這種游泳活動，我問他心得本以爲會聽到很亢奮很開心，大家向著同一個目標前進眞是太熱血之類的，結果他只淡淡的回我尿騷味超重，據說是一跳下去就覺得天哪水味兒怎麼如此之濃，游著游著還有巨大騷味襲來，讓他抬頭確認了一下前方是否有馬在小便，人類如此渺小怎麼能釋放出如此濃烈的尿，後來才知道因爲突然下水溫度下降，會想尿尿是很正常的生理反應，因爲他自己也突然膀胱一緊，於是全部的人一起尿日月潭就變巨大尿池了。

　　我想那是地獄吧，游完要立馬大水沖澡用茶瓜布把自己刷掉一層皮頭髮也要剃光才行（是不用這麼激烈），但友人很淡然說都是這樣的不用放心上，運動之人不會在意這些勞什子。這麼說來前陣子我看到三鐵美人賈永婕的報導，看

到她說騎腳踏車時她也會邊騎邊尿，一開始不習慣要訓練一下就能伸縮自如了（伸什麼又縮了什麼呢），我問鐵人朋友這件事他還是很淡定的說這很正常啊，因為下車浪費時間且三鐵衣不好脫，選手都要有邊騎邊尿的本領才能取得好成績。天哪會不會再練跑下去有一天我也會習慣淺淺的又若無其事地邊跑邊放尿，還吹著口哨裝沒事這樣（順便用口哨聲助尿這招真不錯），運動之人真是豪邁瀟灑本人深感敬佩啊（抱拳）。

我們習武之人是要訓練自己率性的隨地大小便沒錯（ㄜ……小便就好大便嗯湯），啊嗯勾有件事可不能馬虎那就是運動後的拉筋，鄭多燕老師都有說有柔軟的身體才會有完美的曲線，肌肉僵硬的人是不會瘦也不會健康的，接下來就讓文壇飛毛腿哇奔郎教大家幾招雙人拉筋法，不但不用花自己的力氣就能深層拉筋，讓老公握著妳的腳裸動來動去還能滿足他愛換招式的心意，對於增進夫妻情趣有妙不可言之功效啊（撫鬚）～請看VCR（擺手）～！

雙修前戲之雙人拉筋法

文 ＝ 宅女小紅
圖 ＝ 黃士銘
動作指導 ＝ 鄭維軒
演出 ＝ 宅女小紅、工程師

大腿拉筋運動

我們平常憑一己之力拉到的通常是小腿，偶爾有拉到大腿感本來我以為人生這樣就夠了，直到接觸了這個有人倒撒缸的拉筋運動，我才知道以前的認知真的太淺了啊（搖食指）。這個初級的拉筋運動請大家務必在家試試，相信您能體會到整個大腿和屁股僵硬的筋骨都在歡唱，提醒您千萬不要不小心說出「再多一點」、「哦～YES～」，老公會凍北條掏出他的＊＊來的啊。

1

老公先拉直老婆的左腿抖一抖，把髖關節間的空間稍微拉鬆。

※老婆請用一個枕頭將頭微微墊高，妳要不想墊也行啦。

2

老公將老婆左腳往上抬升至與身體垂直，並將自己的左腳跨到老婆右腳外，腳丫內側頂住老婆大腿外側。將老婆的左腳頂在自己腹部，並用手將老婆的腳掌往下壓。請注意老婆膝蓋不可彎，一定要伸直。

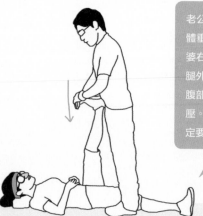

老公左手固定住老婆右膝蓋，左腳腳丫內側依舊頂住老婆大腿外側，然後右手抓住老婆腳踝微微往前推，注意老婆左腿也請盡量伸直。

固定

若老公覺得自己雙腿和腰部緊繃，可改用左腳往內彎壓住老婆的右小腿。左手撐地，老婆若微微顫抖乃正常現象，但請注意若太大力壓也可能會受傷不可不慎。

固定

老公左腿收回老婆右腿內側並用腳側頂住固定，右腿來個弓箭步將老婆左腿小腿前端頂在自己大腿上用右手固定，左手壓住老婆髖關節後，接著老公的右腿弓箭步慢慢往前推伸。老公請隨時跟老婆對話，確認是否推太用力。

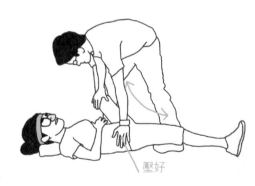

壓好

※老婆請勿忘記呼吸，請用鼻子吸氣，嘴巴吐氣。

161

換下一動作前請老公先將老婆的腿拉回身體正前方伸直。接下來老公請盡量瀟灑的轉換姿勢。

大腿外側拉筋運動

大腿外側是膽經所在地，想要擁有細腿的話千萬不能讓它阻塞和堆積廢物，所以一定要伸展開來以免囤積拍咪啊，想到我人生的惡夢馬鞍精也是長在那兒就想拼命拉長它，來人哪，用力給它壓去下！（威～武～）

老公將右腳交叉伸到老婆右大腿外側頂住，然後左腳再跟著跨到老婆右邊做一弓箭步。雙手一邊帶著老婆的腳往右側伸展。

老公請將老婆左小腿前端頂在自己左大腿上並用左手固定，右手扶著老婆的大腿，接著老公的左腿弓箭步慢慢往前推伸。

固定

1

老公將左腿頂住老婆右腿外側並用腳側固定，右腿弓箭步將老婆左腿往內盤，腳踝架在右腳大腿上，膝蓋處請老公用右腳弓箭步頂住。

轉開骨盆運動

聽到對骨盆有益二話不說馬上做了啊，骨盆是女性的寶地要好好善待它呀～不過我有點好奇為什麼叫轉開骨盆，篹道不轉開它就會關上門嗎，真是太納悶了啊。我個人在做此一動作時會有痠麻感，如果妳也有的話，那代表妳跟我一樣（啊不然呢），但我也不知道我們為什麼會這樣就是（兩手一攤）。

2

固定

固定

老公左手壓住老婆左腳踝，右手壓住左膝蓋後，順時針方向輕輕轉一下。此動作可拉到久坐壓迫的咔稱部位非常舒爽。

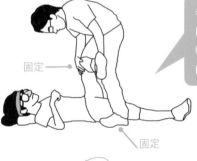

3

姿勢不變，老公將老婆的腿往老婆身體方向輕推。請老公整個身體往前帶，不要只用手往前推。

※請注意以上動作不是瞬間結束都要停頓一下子哦，還有做完後別忘了左右調換後右腿也要來一輪，以免兩腿粗細不一。

163

該冰伸展運動 + 下腰部尾椎伸展

江湖傳聞該冰處有很多淋巴結，此運動可以確實的伸展平常不易伸展到的蓋邊，壓下去的感覺只有暢爽兩字能形容啊～啊嗯勾教練表示此動作有些危險建議大家還是不要隨意在家做（也不要以為去公園或警察局門口做就會好些）（那為什麼要教呢）（我試過其實輕輕做是ok的啦～）。

1

老婆將腳掌相對後，往上彎曲膝蓋開大腿，老公面對老婆跪著用膝蓋夾住老婆的踝關節固定。

固定

2

請老婆先吸氣後慢慢吐氣，此時老公用手壓著老婆兩邊膝蓋慢慢下壓，切勿快速重壓該冰會受傷的呀，老婆吸氣時再將老婆雙腳鬆開，吐氣時再次下壓。

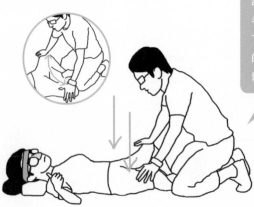

※此動作容易受傷請注意力道。

就像出門要關燈一樣，此動作結束時老公要記得幫老婆將雙腿再度闔起，不然就會合不起來嗎（沉思），應該是指導教練在嚇唬人吧。

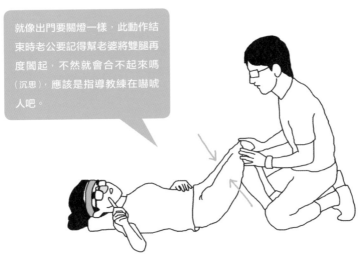

接著老婆將枕頭移除，雙腿併攏屈膝向身體縮，老公雙腿打開與肩同寬站穩，雙手抵著老婆小腿上部。老婆吐氣時，老公整個身體往前推，重心放在手上用身體的力量推請勿只用手推。

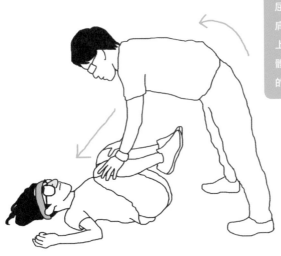

肩頸伸展運動

有時候覺得肩膀很沉重會想說是不是冤親債主坐在我肩頭呢，不是的免擔心，可能只是電腦打多了家事做久了，因而產生的肩頸痠痛症頭，記得常用這招舒展一下，會發現肩上的負擔減輕囉～（煥然一新嘴臉）萬一還是很沉重，那應該就是有東西坐在你肩膀上，快去化解一下吧（幹嘛嚇人呢）。

1

老婆盤坐在座墊上把身體稍微墊高後，雙手抱頭，老公單腳側邊頂住老婆脊椎，雙手往前箝制住老婆的兩邊手臂。

頂住

2

然後老婆先吸氣、吐氣時，老公頂住脊椎的腿往前推，雙手將老婆的手臂往後帶。切記老婆要坐高一點點，不然做此動作時會駝背。

美腿拉筋運動

小腿不用說，就是最容易結塊的地荒，同時它也是最容易見客的所在，要維持好看的小腿線條務必照三餐做這個小腿拉筋動作，什麼，妳和我一樣小腿沒救了拉了也沒用？那拉一下起碼很舒暢，小腿是個很容易感覺到腫脹的地方，拉筋可以消除疲勞快拉一下吧～

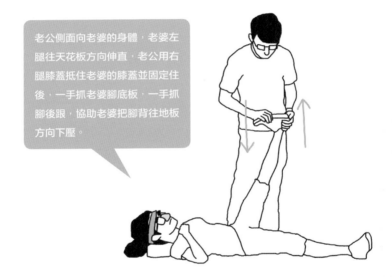

老公側面向老婆的身體，老婆左腿往天花板方向伸直，老公用右腿膝蓋抵住老婆的膝蓋並固定住後，一手抓老婆腳底板，一手抓腳後跟，協助老婆把腳背往地板方向下壓。

以上動作不只幫助放鬆運動過後疲勞的下肢，對於久坐久站常打電腦或抱小孩或逛微風買很多需要自己提回家，導致肩頸痠痛的女性，都有舒筋活血之功效，建議可以在家常練習。施行時請把握幾個原則，一是施壓者的力道請循序漸進，不要一下子用力過猛那會受傷的，二是不要在床上那種太軟的地方，以硬地板鋪瑜伽墊為最佳，三是千萬不要脫內褲，工程師老是說做這些要先脫內褲，可真要脫了這筋可就拉不成了不可不慎啊～

人妻的婚前回憶錄

婚姻路迢迢我終於嫁掉了，
殊不知準備結婚是條更加艱辛的路，
提親迎娶訂飯店外加把自己塞進小不拉幾的禮服中，
準新涼的生活一點也不涼啊，所以要好好經營婚姻，
不要嫁了又嫁嫁了再嫁蛤～（警世）

糟糠妻的
十萬個為什麼

各位人妻是否有一種感覺，
就是婚後常覺得自己在發熱，
不，這不是更年期，是被惱公惹到心浮氣躁頭毛抵咧休，
當妳今天又熱了起來快來翻閱此篇章，
宅女小紅教你接受它處理它放下它。

酒家女與
糟糠妻

　　我相信這個世界上有很多會衝動購物的人（其實我也是），就買的時候一頭熱但事後不太會用到，當你身邊有這樣的人，你長期看到他家裡堆滿不太用的東西會怎麼做，要我就會阻止並理性的分析告訴他買了後你是不會用的，我想大部份的人都會這樣做的吧，雖然說忠言逆耳但這種規勸不做還是不行，這就是朋友存在的意義嘛。但要是遇到愛亂買的另一半呢？一開始應該可以溫柔規勸，但日子一久家裡廢物一多誰受得鳥，婚後的女人會從溫柔變成女暴君，說穿了也是老公害的啊。

　　看到前言應該感受得到外子就是個愛亂買的男能吧，我常目睹他一時興買了東西最後不太用，比如有次他想買積木我一直阻止可他態度堅決，但買回家後根本連開都沒開，有天我拿出說明書問他你不是要組嗎他說好複雜他不要，最後是我把它給組了起來，甚至不小心養成拼積木的興趣拼個沒完這樣，現在想想我腦波也真弱，讓他還得意起來說是他帶我走進小積木的殿堂，這麼無恥竟然還敢邀功就是，明明是自己愛亂買又不用啊。

　　另外還有果汁機，他有天去逛Costco看到叫賣的人這個也榨那個也榨導致他也好想榨，於是沒經過我同意偷偷搬了一台回家，當然頭幾天有用啦但這熱情沒有維持多久馬上冷卻，溫刀都夠小了還要找地方塞果汁機想到是不是要發脾氣了（怒摔果汁機）；但先消消火別生氣啊（自己生氣再安慰自己有什麼毛病），這有什麼好氣的呢該氣的在後頭，是說塵封的果汁機沒多久他送給了他的丈母娘，看來是正視了自己不會用吧身為賤內甚感欣慰，啊嗯勾過一陣子有天他老兄又搬了一台果汁機回來，而且一樣是自己去Costco看銷售員在榨讓他榨魂崛起榨力全開，這衝動之下他又買了，身為在背後整理東西的女人我該說什麼呢，只能說Costco必須死！！（下眼眶抖動）

可以收納的就算了我最怕會壞的東西，比如水果我一次只買一點點沒了再去買，不然放到壞很可惜還會長果蠅，可外子是有病之人他說水果不吃則已一吃就要吃四種以上，但不可能四種各買一顆一定會買一袋啊，身為看透世間事（其實我只是看透這個人！）的太太我當然一心阻止，他於是用他會削出精美的水果盤給我享用當誘餌，但我只想到他之前帶回家後放著沒動發爛的水果們，告訴他水果不用非得四種起跳而且我不愛水果盤，放一起味道都混到一塊兒了討厭透頂快給我下地獄——！

他堅持他能找到可以互相提味的水果而我態度輕蔑的請他舉例，此時我心中的明鏡照出自已雞歪的嘴臉，突然明白了為什麼男人要上酒家要找小三，這全是因為太太像我這樣啊，有時看到自己的嘴臉我都想掐死這個女人哪～～可這份堅持來自於深刻了解，酒家女不用處理冰箱的爛水果不用收納亂買的東西當然可以溫柔體貼加崇拜（例：哇，你會切水果盤哦〔雙手托腮星星眼〕，好厲害哦教我教我），而我等糟糠妻只會說敢買打死啊。🐾

2

老公買了
一個東西

　　我的惱公是江湖人稱的宅男，常買一些我叫不出名字的怪東西，比如我家有個很神祕的小黑盒子，接到電視上電視就可以出現Android手機的畫面，然後就可以下載Play商店的東西在電視上玩，我其實不懂幹嘛要這樣啦，但那是他最驕傲的小黑盒，朋友來家裡也會讚嘆（都宅男咩）可能那真的很威風吧。

　　溫犬身為一代宅男難免是沒什麼朋友的，所以他有個不注意電話的壞習慣，畢竟前半生真的很少人打給他過，我可以半小時內狂打十幾通電話他怎麼也不接（最後上fb留訊息給他秒回！），為了這件事不知吵了幾次架隔沒多久他還是不在意電話，有次吵很兇最後他說會找到解決辦法，保證以後再也不會發生這種事了。結果各位知道他怎麼解決嗎，他去買了支數位手錶讓手機跟手錶連線，從此手機一響手錶就會一起震動，但這種事明明只要把鈴聲調大以及記得把手機放身邊就好了啊（說到這句我聲音都調大了，實在太怒了啊！！），重點是之後他還是在緊要關頭漏接過，誰叫他太信任手錶了導致更不在意手機，殊不知手錶是會沒電的啊（怒），更氣的是該手錶他一次買兩支一支說要送我，可我電話響了我知道，不用靠手錶通知啊當每個人都跟他一樣嗎（腦殼起火燃燒）。

　　我把此事Po上網個人意見來問我那支神奇的手錶長怎樣，我請惱公傳照片給我這一請不得鳥，讓他知道世上有人關懷他的愛錶，而且不是別人是時尚大師個人意見啊，於是他傳了手錶寫真集來順便逼我聽了一下該錶神奇之處。首先呢惱公神采飛揚的告訴我它可以用三種不同的格式顯示時間（翻白眼），但不過看個時間有時需要要那麼多花槍嗎，我不需要三個姿態來告訴我同一件事啊！還可以控制手機裡的音樂，這麼說來難怪有天我在按他手錶時，突然家裡傳出歌聲我還以為有鬼嚇得我屁滾尿流失了魂，重點是為什麼要用手錶控制手機呢，又不是霹靂車在很遠的地方要靠老哥用手錶把它叫來（這梗老人才懂所以

懂也要裝不懂啊），手機明明也是隨身物品想聽音樂就直接拿來按就好，何必非得在手錶上操作我不明白。

　　差點忘了它還有收簡訊功能，就是有人傳簡訊手錶會同步顯示（為什麼不直接看手機為什麼不直接看手機！〔怒吼〕），記得剛買時他每天都很得意的在跟朋友簡報他的手錶，有次講到此功能還逼朋友要傳簡訊給他，享受簡訊一出手錶也震動的快感，然後當大家一片讚嘆後伸頭去看就掉漆了，因為該錶不支援中文所以收到也是一堆亂碼，最後還不是得要看手機解碼（翻白眼again）。

　　簡報完相信大家都同意這是個很無謂的產品吧，這樣一個東西我家竟然有兩支，身為主婦我能不發火嗎，老子白眼都翻到能看到腦漿了啊。但一山還有一山低，我朋友的老公買了一隻跟人一樣高的鋼彈模型放家裡，比起來外子只有買些小東西還不算太惱人。到底誰說女人愛敗家的，男人真要亂買起來根本瘋癲多了啊。🥸

後記：不出所料的那錶玩了不到一個月他就沒在戴了，跟他的apple錶安卓乙錶四錶一起靜靜地躺在櫃子裡，他明明無戴錶習慣卻買個不停，奇怪了為什麼到現在我還留他活口呢（沉思），該不會他有什麼過人之處吧（這話明明是別人問的，自己問也太羞了吧）。

3

逛街的好處

　　我的前半輩子應該算是個不愛逛街的人，就是真的缺了什麼才會上街找，買到後立馬催油門回家，就完全不是會在街上晃悠那種人，可近年來由於稿事如麻人一忙反而變得好愛逛，逛久了才知道逛街其實真的不是壞習慣，人類根本應該常逛街人生才不會花太多冤枉錢啊。

　　為什麼說愛逛反而省錢呢，因為如果常在街上走跳，對於什麼東西應該多少錢心裡會比較有個底，才不會老闆開多少就被他唬到。比方說之前我買了一個包包三千左右，買時老闆一直跟我說此牌包包外面都賣四五千我是熟客算我三千成本價等等，我一聽覺得好划算就買下了，還順便與老闆換了帖老闆對我真是太好了啊～哪知隔天問朋友知道這牌嗎，友人說這很紅啊馬上貼了一堆網拍品給我，是沒有買貴啦但也沒有像老闆說的有賣便宜，不就是一般價錢幹嘛唬我呢，害我還跟老闆交心了真是真心換絕情。

　　但這個事小畢竟沒什麼損失只是其實沒撿到便宜，比較慘烈的是溫大工程師先生，某次情人節我收到一條Cartier項鍊，看到盒子時倒抽一口氣想縮也太名貴了吧，老公一向不是認識名牌的人怎麼會這樣識貨呢，一般像這種什麼都不認得的男能比較會去買Tiffany吧，畢竟藍藍綠綠的小盒子在情人界比較知名，而且以項鍊來說也比Cartier便宜啊，他一介二百五怎麼敢獨自走進Cartier向天借膽了吧。結果是因為前幾天我們陪一個朋友去Cartier買包包，他看到包包那麼大一個五萬多塊，在他駑鈍的心中就覺得拿模大的東西五萬塊，那項鍊小小條一定只要幾千塊，這就是他的邏輯沒辦法他一點精品常識也妹有。於是情人節前他就大膽的走進專櫃看項鍊，結果問到隨便一條都要幾萬塊，他應該嚇到有閃出一點尿吧我猜，拉鍊旁邊有一小塊變的比較深色這樣（寫到這句我竟然在認真回想應該是偏左還偏右，我想在小地方也很考究就是

我成功的關鍵吧（扶眼鏡）。

　　但外子是個臉皮非常薄，也可以說是涉世未深的人，對於問東問西又跟櫃姐們交了心，最後不買這件事非常過意不去，那是一種就算賣腎都要湊錢買下免得小姐傷心的情緒，也有可能是害怕他走了後小姐說「一進來就是一股窮酸味兒（翻白眼），沒錢還敢進 Cartier 我呸」的情緒（小姐才不會這樣），於是乎我就得到一個前所未有的名貴情人禮了，這一切還不都是因為他跟名牌不熟惹的禍，所以是不是常逛街能有效避免花錯錢呢，男人們別再在百貨公司滑手機了，有空多觀察一下品牌和價錢才能駛得萬年船啊。

挑鑽戒的
Know How

? 4

　　吾友個人意見曾經寫到一篇跟鑽戒有關的專欄，內文說到他的友人叮嚀他，一定要告訴天下男人鑽戒旁的小碎鑽不值錢，千萬不要被店員迷惑心智以為碎鑽會讓主鑽看起來很大，文章下面有個留言問說那位朋友是小紅嗎，這位朋友真是心如明鏡啊，沒錯，那位友人正是在下。

　　想當年被單膝下跪求婚，惱公亮出Cartier鑽戒的摸們，我的第一句話是：「戒指可以換嗎？」，現在想來老子還真是個不討喜的女人，但這樣失敗的人也嫁得掉，電視機前的女性想必有受到鼓舞吧。我人生中的第一個鑽戒，應該也是最重要的吧畢竟那是求婚戒啊，它是主鑽兩旁點綴了兩個意味不明的東西，上面鑲有鼻屎大的小鑽數個（我鼻屎很小哦），據說是店員強力推銷款，理由除了店員自己覺得它好看外，還有一點「那兩個會讓主鑽看起來比較大」，我猜外子多少受到這個話術吸引，誰不希望能當一個有能力給老婆大鑽戒的男人呢，於是他腦波一弱就買了，看來「看起來比較大」跟「歐美明星愛用」是同樣等級吸引人的話術啊（對，我很吃歐美明星愛用這一套我沒用）。這麼說來我有個朋友也是買了戒台有花朵感的鑽戒求婚，只因為店員告訴他有了這戒台三分鑽看起來都像有五分，啊嗯勾在我眼中那就是有個很大邊框的三分小鑽石啊，不可能目睭勾勾蛤仔肉到把框也看成鑽吧，店員把女人都看得太淺了呀。

　　除了必須強調沒人會把邊框當成鑽外，另一個重點是送出手的東西當然希望對方喜歡最重要，但有花樣的東西除非你很了解對方知道他一定呷意，不然當然還是打個安全牌買單鑽咔保險，要知道世上不可能人人都喜歡單鑽但一定沒人會討厭單鑽，因為它簡簡單單沒什麼漂亮或不漂亮可言，就是個沒啥毛病可挑的東西，所以求婚當然要選單鑽啊。

　　至於旁邊的碎鑽呢它就像奶罩裡的水餃墊，男人啊你們在乎的也是拿

掉水餃們後的真實的大小吧，所以我們女人也是一樣，主鑽大就是大小就是小，就算旁邊的東西造成多大的視覺延伸感，我們也不至於目小到沒發現那不是同一顆的地步，所以這樣裝神弄鬼是何必呢，不要再聽信店員話術說這樣看起來很大了啦，我們拿到鑽戒也是立馬看保證書，馬上就知道它有多大了裝什麼裝～◣◢

後記：現在有的鑽戒專櫃會借你一個戒指讓你求婚，成功後再帶女孩兒去櫃上挑她喜歡的，如此一來就不會跟我一樣得到一個沒有很喜歡的婚戒，以及萬一求婚失敗也不會浪費錢。但這樣真的好嗎我沉思了一下，萬一她去櫃上挑了個很貴的怎麼辦，這題真是太兩難了啦，為了荷包著想還是自己挑好了，反正不好看只會被碎唸一下至少省了錢啊，等等，想到我惱公挑了不好看的還花了大錢，我要去重擊他的後腦了掰。

5

台灣彩券
不願公佈的真相

　　之前有個新聞是高雄小港區的彩券行開出刮刮樂頭彩五百萬元，得主是一位新婚男子而在下又剛嫁給小港男兒，大家都在懷疑那個男人是不是我的<u>尢</u>，我要告訴大家真的不是，不但不是，這個刮出大獎的好運還跟我們的人生際遇是<u>踏馬的</u>背道而馳啊。

　　第一次在婆家過年，除夕那天吃完年夜飯後，我跟外子想<u>縮</u>沒事就出門晃晃，那時應該是晚上十點半過後了吧街上還很熱鬧，走出家門我才發現<u>窩的馬呀</u>小港地區也太多彩券行了吧比便利店還要多，而且隨便兩家相鄰的門口竟還都掛上了賀本店開出頭彩的布條，看來小港是彩券福地既然來到貴寶地我能不買一下嗎，而且在一個彩券行林立的地區每家店都還是大排長龍，可見中獎機率應該很高吧我愚蠢的心中是這樣想的。因為本人天生沒耐性的關係，我是主攻刮刮樂的一刮就有答案不是省事的多嗎，誰有空等什麼大樂透開獎啊（是有這麼忙嗎）；一開始<u>惱公</u>就買了兩百塊的給我，刮出來是零元但這件事對我這個倒楣鬼來說很平常我一點也不放心上（心裡O.S.：兩百塊台灣彩券你就拿去買藥吃吧），詛咒完後晃去別家繼續買，那天的攻略是打算遍地開花看到彩券行就進去刮一下誰叫我們很無聊呢。

　　就這樣遍地開刮有時中個一兩百就再去換，沒中的話就想<u>縮</u>老師教我們要越挫越勇國父革命到第十一次才成功，連歌裡都有唱到一試再試試不成那就要再試一下於是換一家繼續買，這份毅力要是用在念書上應該早就進NASA上太空了吧。刮到身上都是銀粉了手腕有點無力，有一度我把桌上自己刮出來的粉蒐集了一下覺得應該可以揉成一個飯糰了都還是刮出零，此時<u>惱公</u>看到櫃台裡有兩千塊一張的問我要不要我說不好吧，但就是這個「吧」字透露出不確定所以他還是買<u>惹</u>，主要是我們也都想終結刮出零的宿命想<u>縮</u>買兩千的再不濟總會

中個六百，孰料刮出來竟然還是零那午摳零啦（國劇甩頭），高額的刮刮樂不是號稱每張都會中嗎怎麼有零元呢，溫尢不可置信的重覆對了無數次發現真的是零，四肢無力地在彩券行門口發呆眼神相當空洞，要不是旁邊的老先生叫住他他的靈魂恐怕要被牛頭馬面帶走惹，呼喚他的理由是因為該名阿北看不太懂請我們幫忙看，沒想到他買了一張五百元的竟然中了五六千這讓我們更喪氣，走出彩券行腿都會抖兩人是互相扶持著才能走回家這就是俗稱的消轟吧。

　　事後我告訴同為刮刮樂愛好者的朋友兩千元的竟有零元真不可思議，她說那是真的那不是夢因為她也刮到零元過，這件事台灣彩券一直沒告訴大家害世人都以為兩千元裡面沒有零真是大錯特錯，對了，開頭新聞裡小港男子玩至尊王牌刮刮樂中了最大獎五百萬元的事聽說台彩本來也沒打算這麼快公佈（但為什麼我還是知道惹），研判是要讓大家以為大獎未開繼續瘋狂的買吧，台灣彩券哩ㄟ良心到底在（停頓）哪啊啊啊裡（顯示為陳小雲附身）～◣◢

6

愛不是
拿來說的吧

前陣子遠傳有個挺熱門的廣告大家有看到嗎，就是鼓勵大家打電話跟家人說我愛你那個，我看了幕後花絮是說，該廣告好像是真正的試鏡畫面剪成的，也就是<u>縮</u>那些案例是去試鏡時冷不防的被要求要做這件事，然後硬著頭皮當眾打電話跟老婆或父母說愛，就被剪成這支廣告了這樣。看完大家有覺得感動或是有股衝動也想跟打給媽媽說愛妳嗎，我個人是沒有啦，而且私以為這也太逼人了吧，要我<u>棉</u>東方人這樣說愛不是亂肉麻一把的，大家真的有辦法做出這樣的事嗎我不信。

東方人的愛意只有在小時候比較奔放吧（還是只有我這麼彆扭），我姊的兩歲小女兒時不時的會跟媽媽說愛妳唷，我聽了都覺得妳這孩子羞不羞啊，愛來愛去之事有必要掛嘴邊嗎；想到之前交過一個男友，他的爸媽也不是洋派那種，但一天到晚會留紙條不然貼冰箱上不然放客廳桌上，寫了要交待的事後接「我們愛你」，看了我頭皮都麻麻的，怎麼成年人有必要這樣嗎，還是出自於樣子很傳統的老婦人之手，更讓我覺得這個世界怎麼了啊。其實外子偶爾也會跟我說love you，為了沖淡那個嚴肅感他使用的是洋文兒尾音還會上揚，可我聽了還是覺得你幹嘛，愛不是用說的該用做的啊，<u>擔藍</u>此處的做不是推倒在床上那種做，是把錢匯到我戶頭房子登記我名下那種做，請電視機前的男性朋友不要一聽到做字就急著把＊＊掏吃來了<u>厚嗯厚</u>（誰會這樣激進）（也難講啊）。

總之呢我覺得遠傳廣告雖然是觸動了很多人，但無法溶化我冰冷的心我是一顆拒絕溶化的冰（潘美辰附身），而且愛真的不需要用講的，非講不可的話當面講應該比較好，何必浪費電話費呢，打手機很貴耶那是用來講急事不是用來講閒話的啊。最重要的一點，就是請設想一下，要是你沒事接到親人打來跟你說愛你會有什麼想法，要我一定嚇得半死想去報警，因為感覺太像他在某大樓

樓頂正準備往下跳前做的事了（呸呸呸），不會覺得異常的不祥嗎，呼籲大家千萬別看了廣告就學習，會把你愛的人嚇到閃尿的啊。♏

後記：我愛你這種話惱公若然是當面講，我不免的會疑心他是勃起了吧（是的我觀念扭曲得很嚴重），還會忍不住伸手檢查一下；要是他特別打電話來講，真的會覺得他要不是在樓頂要不就在關渡大橋邊，而且這種話說完後對方要怎麼回應呢，這不是很整人嗎，所以全天下的惱公啊，把你們的襪子收好物品整理好，不要一開電視就轉到龍祥電影台，這就是對老婆最大的恩賜了不用特別說我愛妳的啊～

7

神祕的消基會

之前惱公生日時我咬牙買了一個不便宜的電腦包給他當禮物，想縮工程師天天用應該很值得這錢就開下去吧，沒想到才背十天他生日還沒到呢，背帶的金屬扣環就斷了，那天包整個掉地上哐噹一聲幸好電腦沒壞，可這玩意兒也太脆弱了才用十天啊。當下立馬去電專櫃小姐說我們可能背太重，隔天去了她發現也還好，電腦包就是放了電腦和皮夾等用品又沒有背磚，而且我們血肉之軀是能背多重呢（也不是工程師家開電器行的他背得動冰箱啊〔所以也背得動我哦～〕，包包夾層這麼多不就是給人放東西的嗎？她們也承認這款的扣環確實不是很穩當，但特別強調這事不常發生，看我們要換別款還是換個新背帶，總之過了可退的七天絕不能退就是，工程師看了一下沒有其它喜歡的於是就換了條新背帶這樣。

新背帶比較勇健這次凍了十二天終於還是斷了，他的生日還沒到就斷了兩次啊啊啊（抱頭），我想再換八成還是會再斷顯然品質有點問題，可店裡又沒有其它款老公中意的我也很無奈，打去專櫃反應並且詢問有可能退嗎，答案當然是某摳零因為過七天了啊。不過斷兩次店員也很羞怯所以答應要去問一下總公司能不能破例讓我退要我等他電話。在等的同時我想縮萬一不能退怎麼辦我又不想要別款，雖然退換貨機制是七天以內才能可現在是品質瑕疵會不會有例外，想破頭也沒答案的事不如致電消基會問問看啊。

於是我打去消基會說有購物問題想問，接電話的應該是位中年婦女，我的意思是聽起來不像精實的辦公人員就是位太太，我說明了來龍去脈沒想到她回我：「斷了，那就自己縫起來啊。」我情不自禁的蛤了一聲（但我想如果是布製品我應該真的會自己縫起來吧），對方接著問我那是什麼做的，我說那是金屬扣環所以沒法縫，她停頓一下說應該是我裝太重那包包有沒有限重而我又裝了多重呢？

可是包包不是電梯或吊橋啊我詳閱了說明書上面都沒寫高承載，重點是專櫃小姐都表示這樣很平實我們沒有虐包了，消基會的太太妳可以幫我解決一下超過七天但品質有問題的東西可不可以退這題嗎（搖肩膀）。然後她問了我是哪國貨及價錢，聽完說：「哦，很貴耶。」給了我申訴網址叫我想申訴要寫信去，看來她負責的可能是勸退申訴人這個業務吧，不然怎麼會很自然的叫我自己縫呢，然後我想到對啊多年前我也打電話去過，往事上心頭突然對消基會的作用感到疑惑了。

　　想當年我買了冷氣先是裝機時插座被師傅給炸了，然後用不到兩次發現它會自己停止，叫修後師傅說好難得啊這種情形是賣幾萬台才會出現一次的，也就是我跟哈利波特一樣是很特別的被選中的那個人就是，他承認了是機體有問題而我也沒用一星期，可公司規定不能換新的只能用修的，我想想實在不合理還沒過頭七耶，於是打去消基會問問看這種情形我們有辦法申張權益嗎。那次一樣是位太太接的，我說明原委後她告訴我得饒人處且饒人，然後說了一些人生在世大家都是來修行買了東西也是緣份之類的話，我差點以為自己轉到大愛台了裝什麼消基會妳其實是師姐吧，一直拉電話線可能會從中拉出一個穿深藍色旗袍綁著包頭的婦女，可我明明是想申訴買來的東西不到七天就壞了又不給換的事啊。

　　然後師姐跟我講了差不多半小時，沒有任何一句跟消費有關的條文多半在講不要與人為難之類的話，掛電話前一樣給了我申訴的管道叫我真想申訴要寫信到另一個單位去，現在想想消基會也太神祕了吧，不過這招真的挺有用我聽完師姐的話也不想為難日立了（但還是故意把牌子寫出來），原來消基會是個散播關懷與原諒的單位，跟我想的完全不一樣啊，但仔細想想，這不就是婚姻嗎

（悟道貌），忍一下就算了退一步海闊天空找人抱怨幾雷事情就過去了，有什麼非得跟對方為難的事呢，這婚都結了日子總要過下去，如果不是什麼非得跟他拼了的事（例如外遇或家暴），還不忍忍就當它沒發生，難怪消基會都請些中年太太，只要婚結得夠久女人忍性跟悟性都大增足以渡化世人。

　　謝謝師姐（到底哪來的師姐），我明白了，婚姻之道需要關懷與原諒，罵歸罵，惱公老了以後我還是會推他出去曬太陽的啊～🐛

8

廣告的力量

是說以前我做夢都沒想到有一天會買三花的內褲，像我和外子這樣的年輕人（明明快四十了要不要臉啊）買內褲一向是糾洋派ㄟCK沒有第二選擇，就算是婚後邁入死灰般的人生階段（有那麼絕望嗎），也不曾想過人生的某些需求會向後退啊。有天我走在路上看到公車上寫台灣每三個人就有一個人穿三花還翻了一下白眼想縮甘五摳零，然後到公司聽到廣播又說在台灣每三個人就有一個人穿三花我動搖了一下，難道這是真的嗎，在逮丸這片土地上每三個人真的就有一個人穿三花嗎！接著我上網問了一下網友（我真是實事求是的女人），有人說那是廣告在唬爛，也有人說他們也穿三花三花真的很好穿，於是這件事在我心泛起了一個連漪。

然後我有意無意的告訴惱公在台灣每三個人就有一個穿三花的事，他跟從前的我一樣翻了一個白眼說廣告妳也信，可由於我是掌控家中採買大權的人，對了這也不是誰賦予的權力，而是婚後就會發現老公褲子破了不會自己去買，只會說：「老婆，我內褲都破了。」意思就是採買歸我管就是，反正呢有天採買組的本人就強勢的幫他買了Sunflower（講洋文或許能舒緩發現自己是無知婦人很相信廣告的不安），並且覺得如此一來我們家就在台灣的採樣範圍內了，沒被排除在外感覺真好（安心）。

婚後第一個回婆家的新年，由於欠缺打包經驗所以忘了帶睡衣，應該是說老子外宿時從來沒想過要帶睡衣，夫妻間的小情趣不就在於偶爾出去住時光屁股睡覺嗎（不是吧），結果就連回婆家也忘了帶真是太害羞，裸體睡又怕婆婆冷不防的打開門，看到隆起的肚肉會以為我懷孕太期待抱孫，讓老人家失望我於心何忍，於是打算穿一件吊嘎啊再偷惱公的四角褲穿，就當是我的睡衣了。是說他的內褲乾淨的和髒的都混在一塊兒真假莫辨，是怕被採集到檢體所以要混

淆敵軍嗎？我精挑細選了一件貌似乾淨的，還拿著它在空中甩讓它產生一些內褲風，看有沒有不好的氣味沒有我才放心穿上，之後他進房間我把內褲亮給他看問他這件乾淨吧，他爽朗地說這件不但不乾淨還被他連穿兩天呢，但兩天沒換內褲的人憑什麼這麼爽朗啊！

　　我問他我是虐待你沒幫你洗衣服嗎，幹嘛內褲要連穿兩天，他說他在連假前一天穿去扇班後，洗完澡想到在台灣每三個人就有一個人穿三花的事，覺得既然有這樣的風俗那他回家鄉一定也要穿三花，於是就情不自禁的又穿上它返鄉。看來我們夫妻都很容易被廣告洗腦，沒事還是別開電視的好；還有婚後真的會放下對某些事的堅持，像我以前超不理解家母美雲為何會買茱市場服飾，覺得那是女人向下沉淪的關鍵嗯湯啊嗯湯，但婚後我竟然也開始在市場找尋時尚蹤跡了啊啊啊，還會得意地想縮這麼好看一定沒人想到是在市場買的一蘇 NTD390 吧，我想再不久我會像美雲一樣把奶罩穿在衛生衣外的，這就是婚姻對人的巨大影響啊～🙰

9

乳房檢查之
重要性

　　電視機前的婦女們有做過乳房檢查嗎，聽說乳房檢查有兩種，一個是機器用力擠壓著妳的奶，這種彷彿非常之痛我朋友說眼淚都會掉下來；另一個不痛的是超音波，就在奶上抹油用個棒棒在胸前來回滾動（棒棒在胸前聽起來休誇怪怪），就像腹部超音波那樣只是戰場換成奶。我做過的是後者，痛是不痛但要坦胸和醫生一直打照面十分尷尬，此時睜著眼怕不小心跟他四目交接那多糗，閉上眼又給人一種投入感好似在享受什麼，總之做乳房檢查真是個好兩難的活動，但沒辦法愛自己就要從愛惜身體開始，再害羞也要硬著頭皮做啊。

　　說到這個胸部婚後我才深深的感受到它的重要性，本來以為它只是個社交工具，結了婚定下來後就可以放給它爛任它們垂到腰上了吧（那也要夠大啊），婚後方知它對於維繫婚姻有其舉足輕重的地位不可忽略。有陣子本人勤於跳鄭多燕可能是跳到身體緊實了些，有天拿了一件之前買的胸部異常緊繃的衣服，那天試竟然輕鬆地套上胸前還能塞進三指，發現這件事後我好開心告訴老公我胸前變瘦了耶，講完原本在做自己的事沒怎麼鳥我的外子衝到我面前問我怎麼會這樣，緊張的程度是只差沒像馬景濤那樣搖著我肩膀，還衝入雨中對天吶喊為什麼吧，我說沒怎麼呀就是胸部瘦了嘛身體變薄明明是好事，他說什麼叫沒什麼，胸部變小是大事我不明白的，總之他不會這樣善罷干休，連不會棒伊耍這麼重的話都說出口他是復仇者聯盟嗎，但我不知道他能去找誰復仇就是，可還是友善提醒一下鄭多燕老師，最近出席活動要注意台下有沒有手持棍棒惡狠狠的陌生男子，那可能是我惱公請他快點回家吃飯蛤。

　　還有一次是我們出去吃飯，吃完要出來時被一位在走道上站著聊天，聊到手舞足蹈的客人冷不防的肘擊了我胸部，是關節不偏不倚的正面迎擊到奶超痛的啊，當下那人跟我說了對不起我也沒說什麼，出店後走了一小段胸前還是隱

隱作痛，老公問我怎麼了我說被店裡的人不小心撞到胸部好痛哦，聽完一向斯文溫吞的他非常生氣一付要回店裡討回公道的樣子，我說算了啦人家也不是故意的，他還是說了許多咒罵的話感覺就是超級無敵火，我問他幹嘛氣成醬他大聲的說：「我只是在意妳的咪咪啊！」用的是疾言厲色的態度但說出咪咪二字實在混搭，說胸部不行嗎。

　　綜合以上兩個小故事電視機前的妳有沒有覺得乳房很重要呢，所以別再害羞了快去做胸部檢查吧，記得抹片也不能忘哦（叮嚀）。

10

健檢初體驗　上集

　　最近我去做了健康檢查，會做這件事完全是受到友人去做孕前健檢的影響，想到我和工程師婚前也沒做孕前也沒做，事實上我這擠系郎都沒做過健康檢查安捏干厚？剛好公司有每年一次員工免費健檢的福利（這樣我還不做！），於是就找了一天約惱公一起檢查身體去。

　　事前要勾一個檢查項目表就是在基本項目外可以選一些額外想做的，我看到加選項目裡有荷爾蒙內分泌之類的檢驗直覺它跟生殖息息相關，想到我這不是正想要著床嗎要不要就去驗一下，沒想到公司的負責小姐看到我勾內分泌後很正色的說：「妳驗這個幹嘛，妳又沒有全身長滿毛應該很正常。」試圖把我勸退，看來她對內分泌的標準很寬鬆只要沒有歸身軀毛就健康，而我竟然也因為觀察了一下自己並沒有全身長滿毛而劃掉內分泌檢查耳根也太軟了吧，所以內分泌問題只會展現在體毛上嗎。表格裡還有一項是婦科檢驗看需不需要選女醫，由於在下一向秉持著醫生看過的下體比我走過的橋還多的心態，覺得男醫理應視下體如浮雲給他看一下不會死，重點是通常要選女醫都要等比較久我沒耐性等於是就沒特別勾，不得不說這真是讓我後悔至今的決定（彈菸灰）～

　　健檢前三天我收到神祕信封袋打開一看是一個採便盒，天哪是我們倆划著船兒採紅菱那個採，專業健檢原來檢的如此這般透徹。想到小時候學校會發一張紙貌似日本國旗，只是圓形的部份是透明有黏性的，目的是叫小朋友們回家黏一下肛門檢查是不是有蛔蟲，那時為了避免同學看到我的月工拓我都隨便黏一下手臂交差，現在面臨挖糞檢驗不啻是人生的另一個關卡而且也沒有偷吃步（難道要偷挖別人的！那感覺更不酥湖啊），想到要讓醫生來回翻閱我的便就覺得也太害羞了吧（臉紅）。

　　而執行時又遇到另一個困難，採便盒是一個棒棒讓你在屎上亂插一陣後會

ㄍ又到一些再放到小盒子裡，很煩的是那檢體盒的洞口做得十分之小，小到放東西回去時很難不沾到門口這是在整誰。溫犬在採完後約我開了一個小小的分享會，跟我分享他不小心挖太大球像插了一個關東煮起來，塞不進去只好再抖回馬桶裡的故事，就算親生夫妻我也並不想聽這個啊你幹嘛告訴我（抱頭）（那我又何苦告訴全國的觀眾捏）。那內診又為何讓我後悔至今呢，這個問題請待下回分解吧（揮手下降）。

後記：是說免費的檢查一直拖著不去做有兩個原因，一是愚婦我一直覺得不檢查就沒事一檢查就會有病啊，對了這是我娘告訴我的，為什麼這麼愚蠢的觀念她要傳承給我呢（沉思）；二是我覺得我的體重實在太不得體了啊，去健檢恐怕會被大聲報出來貽笑大方吧，所以才一直逃避著。但最近我突然想通了，就是我明明看起來就胖了根本無需亮出體重人家也知道我是胖子，所以何必懼怕被報出數字呢，有健康的身體才有快樂的人生，跟我一樣不願量體重的女孩兒們，快放下罣礙去健檢吧。

健檢初體驗　下集

上篇的健檢記廢話太多導致遲遲無法進入健檢中心，今天就讓我們直接走進去吧（跳一下）。一進去櫃台就發給我試管及塑膠杯簡稱驗尿雙拍檔，讓你尿在杯子裡再倒入試管中這樣，我一直覺得這個流程是沈玉琳設計的因為很整人，試管很窄杯口豪大讓倒的人剉拿得人也心惶惶；另外尿要取其中段這件事也讓我煩心，我個人很難決定這泡尿的哪裡算中段（好沒出息的煩惱），所以如果在我隔壁間就會一直聽到我尿一下停一下好似一泡塞在車陣裡的尿走走又停停，老一輩的觀眾腦中可能有《挑夫》的弦律了來 AV8D 一起唱。

走進內診室沒特別選女醫果然就是男醫，但他人很好正眼都沒瞧我一眼，讓護士指揮我脫了褲子坐在椅子上把腳架高，中間還架好了一塊布醫生才走進來，我覺得這塊布在內診中有舉足輕重的地位，就是讓醫生不要看到我的臉，免得哪天走在路上打到照面他會發現他看過我的陰部。這次我做的是陰道超音波以前沒做過，雖然我沒看到詳情但感覺是個棒狀物在裡面晃蕩，開始沒多久醫生突然說：「嘴巴張開～」我想不透做這個為什麼要張嘴不會影響到吧，還是說他指的是那裡的嘴（唇？），但它明明就也閉不起來啊打缸攏馬張著，會不會醫生想叫我再張大些檢查得比較仔細，我正想用內力看能不能張大一點時，又覺得這樣很像池塘裡的魚遇到遊客餵食時嘴巴在那開開合合實在難看，就在千頭萬緒搞不懂醫生訴求的狀況下，我情不自禁地把嘴巴張開惹（註：臉上那張），沒辦法醫生是權威人士我為魚肉很難不聽他話，但做內診為什麼要張嘴啊（問蒼天）。不得不說陰道超音波真是一個很漫長的檢查，這是一種山中方七日人間已千年的感覺我覺得醫生在我胯下待了一輩子了吧，做到一半他又說了一次嘴巴張開而我又軟弱地張嘴了，可我內心深處一直覺得沒理由張嘴的，如果現場有電眼的話監看的人一定在笑我啊。

好不容易做完全程醫生都沒看到我的臉我覺得很安心，孰料穿好褲子要走出去時他突然抬頭瞄了我一眼害我很想比個耶又瞎他雙眼，你怎麼可以看我呢！！但接下來我就發現這個堅持很沒必要了，因為下一關的乳房超音波還是同一個人做，在這關我們會不停的打照面啊。然後我掀著上衣坦胸露乳躺在床上讓醫生用探頭一直探索我的奶，時不時地四目交接我覺得好害臊，但閉眼不看又給人太沉醉感某蓋厚；然後醫生滾過我的膩顏就像走路踢到不平的水溝蓋那樣一個趔趄，我問自己為什麼要耳朵硬為什麼不勾個女醫呢，我真的好後悔啊～～～（哭倒淚溼台階）♍

後記：後來有人告訴我張開嘴下面會放比較鬆，這是有醫學根據的，有的人做到一半醫生還會叫她咳一下，原來上面的口和下面的口有這麼深的連結啊～這也讓我陷入了深深的思考，以後 He 囉的時候是要叫還是不要呢（這事兒值得這麼認真思考嗎），因為一旦開了口下面也會不緊緻啊（苦惱）。

12

無法下橋
的哀傷

外子是個記性不好的大路癡，就是同條路走過八遍第九次還是有可能走錯那種，所以導航是他最好的朋友，要是沒有導航他回家的時間可能都要多個兩三倍。我絕沒有汙衊他因爲這人曾創下從中和開到內湖開了三個多小時之紀錄（三更半夜的請排除掉塞車因素），這樣認不得路之人要是沒導航你叫他要怎麼活，他可能不聽老婆的不聽爸媽的但不會不聽導航的，嘎米根本是他心中的林默娘來著。

有天家父約我們去八里的靈骨塔祭拜祖先，八里我們去過不少次，就從內湖上一條有點新又不會太新的高架橋（←實在不會記高架橋學名）蘇的一下就到了。導航是這樣的，輸入住址後它還會貼心的告訴你約莫幾點幾分到，看一下比跟老北約的時間還早個十分鐘於是我倆安心地去買早餐還加了個油，上橋後跟著導航的指示一路飆向八里，飆著飆著突然覺得不對勁兒，嘎米叫我們下交流道可附近沒有地方可以下，然後我們意識到了逮丸ㄟ高架橋日新月益應該是瞞著嘎米開了新路吧。

我們只好一路向前看有沒有路可下，駛著駛著開始有五股路牌我想五股離八里感覺很近應該還好，但有路牌沒有下去的路馬洗某咔抓；之後看到蘆洲我又覺得蘆洲離八里更近了還好吧（樂觀），可偏偏附近依舊沒交流道可下，奇怪了橋上爲什麼要有我們看得到卻到不了的路牌呢，眼看時間逼近我爸打來問了，我只好含糊地說下錯交流道了請他們再等一下。隔沒十分鐘爸爸又打來，用開車老江湖的口吻說下錯了是吧，那現在應該在林口什麼西濱道路之類的，我說我不知道我在哪啊他問我有沒有看到很多大風車，而我東張西望只看到長榮大樓一棟我八成在南崁啊（抱頭）。

沒多久換我弟call in研判是家父害羞再打所以派他來問，一樣問我是不是

在西濱還哪（總之有個濱字），而我心想下不了橋再開下去就會看到鼎王和很多 motel 了吧（←對台中的認識很粗淺），怎麼高架橋也跟高鐵一樣有每站都停的和沒什麼停靠站的嗎，為什麼我下不了橋啊～～～～（崩潰）

終於開到有個彎可以下橋之處，沒想到下去又隨即上了橋路牌顯示為機場快速道路看來我快要出國了啊啊啊（崩潰again），不幸中之大幸是還沒看到飛機就有迴轉處了，我們終於來到平地轉向正確的人生道路，此時工程師面色凝重地說他想大便，不是茱麗葉趴在窗台想羅密歐那種想，是昨天吃了麻辣鍋那種想，是它（誰呢？）勢如破竹的要破（肛）門而出那種想，只好找個加油站讓他拉屎了不然怎麼辦。出來後繼續前進，偶爾遇到前車開很慢他還會不耐煩地想叭他，我說你在急什麼反正都遲了這麼久，他說因為他的岳父在等他所以他要叭盡天下擋在他前面的人，是說你去拉屎時有想到心急如焚的岳父嗎。

最後終於見到了家父，距離約定的時間差不多遲到了四十分鐘剛加的油還立刻掉了四格啊馬的，我們檢討了一下嘎米從沒騙過我們這次為什麼會這樣，是不是因為沒更新所以台灣長了新路它不知道，所以有在使用導航的朋友們記得要定期更新，千萬別和我們一樣啊（語重心長）。👨

13

向二姐喊話

有天看到一個新聞是天后江蕙說這輩子可能不會結婚，因為她龜毛而且不愛跟人同床，她說哪個男人可以接受不同床的婚姻呢她還是別害人吧，看到她的話我有點頭如搗蒜（是說每次寫到這個我都忍不住想到底誰在搗蒜，只有去吃泰國菜時會搗生辣椒或是玉兔在搗藥吧）（這是重點嗎），不是為誰能接受不同床的婚姻而搗，是不愛跟人同床這點我感同身受啊。

基本上我覺得逼夫妻一定要同床根本不健康，因為睡眠是人生大事睡不好會天天都上火，比如我是個睡前心神很耗弱不能受一點驚嚇的人，也千萬不要動到我不然我就睡不著，啊嗯勾溫ㄤ有對奇怪的腳板，它們不能不動耶只要躺下來就會一直上下擺，像海獅的底部（那叫什麼來著）有那兩片會一直動這樣，我注意了他好幾次，比如他躺在沙發上看電視整個人呈現石化的現象，連眼皮都沒動一下可腳板還是會上下舞動超活潑的，請試想一下睡前床上有對舞動的腳板你作何感想，我試過不蓋同條被可它們還是會舞到我這邊還搔到我腳底，真是太氣人了啊。

腳板愛動就算了，男人很多都有的打呼習慣我才是真正的受不鳥，我訪問過很多太太遇到先生打呼怎麼辦，她們都說一開始睡不著但久了就習慣了，再久下去如果先生沒打呼太太還會驚醒去探他鼻息以為他往生了這樣，是有沒有這麼隨遇而安。可我沒用這事兒無論再久我還是不習慣，一聽到呼聲我就會嚇到心跳加速根本睡不著，試過用耳塞但擋不住那個呼嚕，用了耳塞再側睡壓住一隻耳朵，另一隻耳用被子蓋住可呼聲還是如影隨形沒孔它也入，所謂魔音傳腦不過如此吧。

這麼說來家父也是這樣的，小時候我們都會派一個人去把我爸踢醒趁他醒了趕快睡（孝順的反面教材小朋友不要學），現在我會捏老公鼻子把他悶醒或是使用

神龍擺尾把他踹醒（記得一定要後踢自己比較不痛），可醒來五秒他就立刻睡了又打呼，幾度我崩潰到睡到地上，然後早上再因為睡不好對他發脾氣，最後他就識趣地不跟我同床了，應該是怕哪天晚上聽到怪聲醒來一看我在磨刀吧。

　　所以二姐啊，也不是說婚姻就一定要同床，不用因為自己的習慣而婉拒婚姻哦，對了，我剛好認識一個不跟老婆同床也可以的人，妳要不要把他領走啊，他很好相處的哦。⌣

14

請看標準答案

有天看到一個偶像劇，因爲沒看過前面也不知道它在演什麼，我猜是天心疑心她老公有外遇吧，反正她就沒來由地問她老公說：「你有沒有什麼話要跟我說？」私以爲這眞是一個太可怕的話術了被問到要怎麼回，重點是被問後心裡會毛毛的吧，而且現實生活中誰會用到這種問句啊。

沒多久又看到她問她老公：「除了我以外，你有愛上過其它女人嗎？」看完除了覺得這女人好煩眞想搧她兩巴掌外，還想縮這種笨問題有什麼好問的，聰明人都會否認到底啊，妳要眞的覺得有問題應該明查暗訪做什麼都行就是千萬不要問，問了不過是打草驚蛇讓對方知道你在懷疑他，那他以後偷來暗去時行事會更小心，就更不容易查到了不是嗎。結果問題笨但她戲裡的老公更笨，因爲他好像不是果斷的回沒有，是回了一個模稜兩可的答案比如妳問這個是什麼意思之類，這一遲疑不是就立馬讓人覺得此人心裡有鬼不可信任了嗎。

是說我一直以爲男人的題庫裡存著很多標準答案，就是問他有沒有幹嘛九成九都說沒有，問他這件衣服好不好看通常答案都是好看，若是問到這樣看起來胖不胖一定都會說不胖，這不是國中軍訓課時有教的嗎，或是曾經不小心說過有點胖，接著受到半小時的問句轟炸「哪邊胖」、「爲什麼胖」、「那跟前一件比起來哪件胖」，因爲吃過虧而演化成一位應對得宜的男子，反正我一直以爲這些事問男人只是問好玩的，因爲他們的答案應該都是很制式的沒驚喜，女人習慣性的發問也只是問一個心安吧。

雖然我是這樣想的可我畢竟還是個煩人的女人，一定要拿這些問題糾纏男人才行，於是有天我不知哪來的勇氣，穿著中空裝問老公我的肚子大不大，他不是瞄了一眼而是仔細地端詳，感覺有放感情地注目著哇ㄟ巴豆然後說：「媽呀，妳的肚子眞的很大耶。」這眞是個出人意表的答案啊讓我有驚嚇到，囊道

他的題庫裡沒有這題所以他不會答嗎,而且大就大嘛有必要把特別把他的媽媽我的婆婆搬出來嗎,怎麼會說出這麼大逆不道的答案,研判是此人這半個月內都不想有性生活了吧(←太太的唯一武器)。事情已經過了很久但「媽呀,妳的肚子真的很大耶」幾個字還是會時不時的在我腦中縈繞,只能安慰自己我嫁到百年難得一見的誠懇好男人了,他不花言巧語講話好實在的啊(內牛滿面)。

跨年
NEW YEAR

尾牙
ANNUAL PARTY

年前
BEFORE NEW YEAR

過年
CHINESE NEW YEAR

情人節
VALENTINE'S DAY

清明節
TOMB SWEEPING DAY

報稅季
PAY TAX

母親節
MOTHER'S DAY

端午節
DRAGON BOAT FESTIVAL

年度結婚潮
WEDDING BOOM

暑假
SUMMER VACATION

中元普渡
GHOSTS' FESTIVAL

父親節
FATHER'S DAY

中秋節
MOON FESTIVAL

重陽節
DOUBLE NINTH FESTIVAL

百貨週年慶
ANNUAL SALE

國慶日
DOUBLE TENTH DAY

結婚紀念日
WEDDING ANNIVERSARY

冬至
WINTER SOLSTICE

聖誕節
MERRY X'MAS

CALENDAR OF HOU SHIN BU

好媳婦 年度行事曆

每個人心中都有一座張太。

俗話說「醉郎ㄟ新ㄅㄨ愛災抖力」

但一年四季依照節令不可不知的小細節多如麻，

要是隨便忘了哪椿隔壁太太（誰？）難免要西蘇蘇蘇西蘇了啊

身為媳婦事多錢少壓力大，幸虧有好媳婦羞昂幫幫忙，

這邊列出全年度好媳婦沒齒不能忘的20個節日，

電視機前的外府們千萬要收納在人生的錦囊中不要將它來忘記

小心隔牆有張太啊！

好媳婦交流園地

羞昂師，謝謝妳！
THANK YOU VERY MUCH!

媳婦專門讀物《好媳婦國際中文版》終於創刊，

創刊者宅女小紅秉持一顆熱忱的心，

解決大家的人生困境，傾聽百萬婦女同胞的心聲，

用溫暖，來化解婚姻的苦生活的怨家庭的不和諧，

媳婦們，妳們的港口在這，妳們的心聲，小紅都聽到了！

迷途羔羊們，就讓
紅姐來拯救妳們吧～

每篇都想幫你按讚的讀者——親愛的小紅，我一直是你的忠實讀者，對於你對婆媳間的見解總是一針見血的戳到我內心正中央！但至從我公婆加了我臉書好友後，我就不能隨心所欲的按讚！（馬的）上次按了你說不愛在婆家吃，不想洗碗的動態，回婆家就被「關心」了！我老公問：「難道我家真的讓你壓力這麼大嗎？」我二話不說的答道：「對！」發這訊息給你只是想跟你說，至少你還有言論自由，但我沒有啊啊啊！

小紅——怎麼可以加長輩好友呢妳這人也太老實了吧，老實的妳想必不知道FB有開社團的功能，建議妳就去開個社團把不能講的話不能按的讚在裡面按個夠，社團設為不公開裡面就是妳可以一同暢談真心話的好朋友，千萬不要因為加了公婆就封閉自己，根據為師靠天多年的經驗，適度的靠天能增進身體健康與家庭和諧，對維持毛孔的細緻更有妙不可言之功效，不要等了快去開社團，把心中的O.S.盡情的揮灑出來吧。

———————————————

一姐——今年過年時我婆婆忍到我要上台北的最後一天，才開口問我說要不要跟他去土地公廟跟太子爺廟拜拜（最後還小小聲的說了還有註生娘娘）。身為結婚兩年還不下蛋的媳婦除了說好我還能說什麼呢（千錯萬錯都是我的錯，我不能說溫尪都在做麵包不認真跟我做人啊我不能說）（這不是說出來了嗎）。更精彩的在後頭，當婆婆帶我到他所謂的註生娘娘面前拜拜時，我看那牌匾明明是寫天上聖母啊，兩旁還有千里眼跟順風耳柳，婆婆~妳跟千頌伊有什麼不一樣啊（搖肩膀）。

小紅——親愛的一姐，妳只是去廟裡拜拜啊，可以順便求得生活平安順利很好呀，為師可是收到婆婆送來的七包中藥，光是放在家裡都有臭味飄出來，比起來去拜扮成註生娘的天上聖母有什麼不好，有什麼好抱怨的妳說啊！另外，為什麼做麵包不能做人呢這兩件事不抵觸啊，請問他是去哪做麵包呢，有沒有跟蹤過他，他該不會在金錢豹做麵包吧，就每天晚上去用他的雙手揉麵糰那樣，不然麵包哪有那麼好做啦，這才是現在的妳該關心的事啊～

———————————————

bonnet——以我這個和同一個男人生了兩個小孩，還是不肯嫁給他的女人的觀點，結婚不只是戀愛的墳墓，而且還想趕快把老公踢進真正的墳墓！我男友（永遠不會升級為老公）晚上都被我趕走，一週來我家裡約四五天，一次約五六個小時裡，我都會升出一百遍想扁他的殺意了。像抹布擦完桌子絕對直接揉成一團丟在料理臺，沒有一次洗好攤好晾著！幫小孩脫換衣服後一定是亂丟，沒有一次放好或是放進洗衣籃，有一次甚至把小孩的衣服堆在我的洗臉槽，到底是什麼意思！我衷心地佩服敢跟男人結婚的女人，而超過一年還沒動手的那真是一種境界啊！

小紅——是的，就如同本書封面說的，我現在盤腿

坐著人都會飄浮在空中，這是一個修煉多年才能達到的境界，我也好想晚上就把老公趕走啊，事實上我假日也想把他趕走，各縣市政府應該規劃老公託育中心的，老公是個很需要寄放的東西，為什麼國家沒有這項便民的措施呢（左手背拍右手心）。如今我只能說您才是擁有大智慧的女子，我想妳過年也可以回自己家吧，嗚，我開始嫉妒妳了，請離開讓我自己靜一靜，妳走！（指門外）

煮婦──我回北部娘家坐月子一個月，洗碗槽裡滿滿的髒碗盤，裡面還有我一個月前，離家時沒洗的那個碗，還原封不動的放在最底下，家裏到處都是垃圾，滿到大門差點推不開，那個恐怖又誇張的景況，我一輩子都不會忘記！

小紅──凡事總有光明面，老公應該是想讓妳感受到深刻的心痛，藉此忘記會陰破碎的痛以及脹奶的痛吧。

老娘──只是來檢查惱公有沒有混進來罵我。我們家家事70%是惱公做的……好啦，是90%，惱公謝謝你～～啾咪

小紅──妳沒發現此處是一個集結媳婦怨氣的社團嗎，抬頭一看天空是黑的啊，明明大白天為何黑壓壓，是怨念。而妳竟然膽敢進來放閃該當何罪！

---

jasmine──羞昂，你常常這樣寫你老公，他會不會不高興呀？他在認識你們兩個的朋友裡會不會常常被虧抬不起頭來呀？我雖然每次看了都大笑不已但還是替羞昂老公捏一把冷汗……可是可是，我好愛看羞昂寫老公的壞話喔，你要一直寫下去唷！（說到底還是不管你倆夫妻感情好壞就是了）

小紅──我不知道耶我不太跟他講話的，這是什麼呢這就是婚姻啊。（所以抬不起頭不是雙關語吧，他會抬頭哦不要抹黑他）

孕婦人妻──我常常幻想踢我先生，昨天晚上終於出腳了。他去參加應酬喝醉回來已經12點，小孩昨天開始發燒很黏我只想跟我一起睡，而且已經累了一天實在不想再聞著臭酒味就叫他睡地板（有地墊）。他自知理虧也不敢多說什麼、倒下去翻個身就睡去了。一會兒後便開始打呼超大聲，整個超惱人，我怕小孩被吵醒，走下床想搖一下他讓他停，走到他身邊時念頭一轉、也懶得挺大肚彎腰，就踢下去了，一下、兩下、三下都沒醒喔，我火一來第四下踢超大力，大力到我自己都有點嚇到，結果他鼾聲停了人沒醒（汗）。隔天早上問他知不知道我搖（ㄊㄧ）過他，他說不知道……（噗）講完了。告解完畢，踢人很爽。（誤）

小紅──妳現在懷孕要注意身子，為師的是建議妳可以用一條溼毛巾冷不防的去抽他，記得要溼的才會痛，要是他醒來妳就作勢在擦桌子，畢竟身為主婦身上有條溼毛巾是合情合理的。待您懷胎十月卸貨完畢，再有此情形再用踢的，記得我教過的踢老公法嗎，就是要側躺背著他，使出一記神龍擺尾向後踢，如此一來他很痛而妳不會痛到，人妻這麼辛苦做事要有方法，千萬不要正腳踢他，這樣自己腳會痛不經濟知道嗎。

CY──羞昂你是已婚婦女們的知音啊（搭肩搖）

小紅──不，我不只是婦女知音還是媳婦燈塔以及罵老公源源不絕紀錄保持人，但我很親民的，還是可以跟大家一起搖哦～

估外府操煩的
這些和那些

主婦生活脫離不了柴米油鹽醬醋茶，
即便是號稱逮丸ㄟ凱莉不來蕭的宅女小紅，
嫁做人妻後也得要通過層層考驗學習精打細算，
如此才能成為一個主婦同業
工會認證的 HOU SHIN BU 啊！

1

五百元的故事

百貨公司有事沒事都在辦活動這件事大家應該習慣了吧，就明明也不是週年慶但還會送這送那的，有天我就莫名的得到五百元禮券，煩人的是當天不能用要下個月才能用還有期限擺明是希望人家忘了去換，這麼說來多年前我也有過這麼一張最後忘了用被擺到過期，但以前我是小姐啊過了就過了丟掉時只有輕嘆息一下，可現在不同了我是<u>正港主婦暨準歐巴扇</u>，要是把禮券擺到過期應該會去懸樑吧，雖然縮生命可以找到出口但這關主婦我真的過不去，為了婦人的名聲那整個月我每天想它三四回深怕忘掉，一到能用的日子立馬像箭一樣射向百貨公司消滅它。

但做人要有計劃不然進去百貨公司很難全身而退的，我的計劃是殺進運動專櫃買條運動褲再殺出來閒晃禁止，結果我殺錯地方了那裡是有運動專櫃沒錯但只賣籃球鞋女裝要去另一棟，說到這大家覺不覺得新光三越信義新天地很逼人，還要用Ａ幾Ａ幾這種術語誰記得住啊（翻桌）。在準備殺去另一棟時不小心在手扶梯轉角看到展示鞋隨手一摸<u>窩的馬呀</u>可真軟啊（漫步雲端），叫<u>溫㞷</u>來體會一下他也震驚惹，然後就不小心買了兩雙去，結完帳發現哎呀我忘了花禮券<u>那ㄟ安捏</u>，只好再往運動專櫃前進。去了沒想要的褲子但口袋有折磨我心智的五百塊禮券啊，只好走向主婦最愛的鍋碗瓢盆區，路上先遇到特價護手霜喜孜孜地買了一條但忘了花五百<u>歪ㄠ</u>，在鍋區逛了半天有想要的但很貴要考慮一輩<u>紫</u>所以走出專櫃散散心，散完確定了自己對它的心意後再回去買，我發誓剛開始時我是有想到禮券的，還想了一下扣掉五百的價錢想看看自己能不能承受，但千不該萬不該走出專櫃再回去就忘了，卡刷下去再出來時才想到，哎呀我又忘了花禮券啊好想拍自己後腦勺（那就拍啊）。

此時已然<u>開掉</u>八千元但來百貨公司的初衷五百禮券還靜靜地躺在皮包

裡，明知道再待下去不會有好結果可那五百真的踩在我心尖兒上今天不花掉老子誓不為人，最後買了一個可買可不買而且在百貨公司買還比較貴的東西，順利的出清了我的五百元禮券，終於放下心中大石但也傾家蕩產了，走出新光三越整個人失了魂輕飄飄的風太大我就被吹走了吧，怎麼會這樣，才月初就把整個月生活費花光了，身為主婦怎麼能犯這樣的錯接下來的日子只能吃土了，而我只是想開掉五百塊的啊啊啊（抱頭）。

　　總之百貨公司禮券真是個陰謀是比阿共仔的陰謀更邪惡的那種陰謀，請大家在使用上千萬要注意，不然就把它剪碎了隨風吹向大海吧，有許多事被洗劫一空才明白啊（吟唱）。

2

百姓
才有的煩惱

現在想想以前的我真是瘋子啊，號稱麻辣鍋活字典的哇奔郎每個禮拜固定會吃一次麻辣鍋，曾經早上起來第一餐就去麻辣鍋店報到，也有過三餐裡有兩餐都吃麻辣的經驗，這麼說來我家人跟我都差不多，就會放假在家做一鍋中午吃晚上吃亂睡一陣起來後消夜吃然後隔天早上繼續吃安捏，身為麻辣鍋愛好者自然對它充滿了心得，連去吃時要穿什麼在下都有講究的（扶眼鏡）。

首先不要穿淡色的大家應該都知道，下料時噗通噗通的難免濺起湯花噴到人，或是說筷子夾不好偶爾東西會掉到盤子噴得自己一身，那淡色衣服可就毀掉了；就算對自身筷功再有自信鴨血都是防不勝防，大家應該都遇過筷子一刺下去就噴汁出來，會攻擊人類的鴨血吧，奇怪了鴨血幹嘛要與人類過不去它要佔領地球嗎。要徹底解決此一問題最好的方法就是穿一身黑，像家裡有人粗歹擠那樣的黑，但你以為穿深色就能高枕無憂了嗎，諾諾諾（搖食指），私以為常進出火鍋店的話紗質衣服不可少，因為棉質比較會吸味道，如果聰明穿紗質會發現味道比較小，回家真不想洗的話掛在陽台上讓風吹一下鍋味就沒了，是節能儉碳愛地球的好服飾來著。另外真皮的東西萬萬不可帶進火鍋店，厚外套也別帶進去不然免不了要開錢進乾洗店了，身為主婦量入為出不能一天到晚花錢給人洗衣服的啊，但冬天更想吃火鍋可天冷不可能不穿外套呀，千萬不要因噎廢食因此不吃火鍋了，只要記得進去後先用同行友人的外套包住自己的，這問題不就解決了嗎。

最後重點來了（所以以上一堆都是廢話來著），之前我看到一個旅遊節目叫《小姐愛旅行》，那天的小姐是隋棠她帶大家去杭州玩，有一段是她穿著一身純白洋裝在山野小溪間，看她穿全白去郊外身為主婦我就揉太陽穴了，敢穿白色去郊遊也太大膽了吧，比穿白色去吃麻辣鍋還勇啊；然後她還給我坐在

石頭上天真地踢水，怎麼穿白色可以坐在石頭上嗎？電視機前的主婦一定都握拳憤怒惹，想說妳的衣服一定不用自己洗吧果然是小姐，我們百姓可是很怕衣服髒的啊。總之這節目實在太不貼近生活了，呼籲電視台開闢主婦愛旅行節目，主婦是充滿生活的智慧生存的撇步的物種，主婦能夠教給大家的才是真正實用的東西啊～♏

3

隨和
是好的嗎（沉思）

　　不知為何我一直給人一種雞歪的形象，可能是文章裡常看什麼都不順眼吧，但其實我本人遇到事情非常容易退讓，根本是個軟柿子來著。

　　之前搬新家時我買了一個床頭櫃，像抽屜一樣可以拉出來，拉出來的上層有玻璃可以放東西這樣。送貨人員在安裝途中不小心把玻璃打破了，然後很抱歉地對我縮這種情形要去申訴，而且換要換一整套不能只賠我個玻璃，所以他不能馬上把東西帶回去還我個新的，我必須要打電話到總公司請他們處理，可以說是他打破的沒關係，但他這邊不能馬上幫我做換貨動作。由於他態度實在很好，我又怕講了是他打破的對這位年輕人的職業生涯有傷害，想想玻璃在人生旅途上並不佔有重要角色，那還是算了吧所以也沒去申訴，就讓它缺片玻璃也無妨。結果我最近想換床頭櫃了要把舊的賣掉，才發現少了配件是個大缺陷，那時真的不應該這麼隨便的。而且類似情形後來有發生，幸好這次我有堅持啊。

　　那次是我把家中廁所改成乾溼分離，做了一個玻璃的淋浴間，我家廁所超小淋浴間更小，但不知為何師傅切了一個好大的門。大家幻想一下小空間裡有個往內開的大門片，那人在裡面開門時就要縮到角落才打得開安捏。

　　我本來要求要換，可師傅說玻璃切好了又賣不掉，問我能不湊合著用一下算了，我試了幾次每次都要退到角落加上縮小腹，然後會被水龍頭戳到屁股才打得開；可想想身為女人是油麻菜籽，被戳乃家常便飯是常有的事，我們根本常常被戳了又戳戳了又戳啊（沒必要仔細形容這個吧），雖然師傅自己量錯是他活該啦，但我不想為難他害他賠錢啊，不過最後想到一件事就是不久後我懷孕的姊接要來住我家，我能縮一下肚子她可不能啊那要怎麼洗澡，所以還是強硬的請他換個小門來。

事後我非常慶幸當下有堅持，因為我試驗時是穿著衣服的，但真的使用淋浴間時是裸體，我退到水龍頭時發現那龍頭可能是量身訂做的，因為它準準地對著我的肛門，所以如果不換門我每天洗完澡都要被自家水龍頭拜觀音，而且剛洗完澡那還是燙的！！所以人有時候還是不能太隨和啊與大家共勉之。♏

4

客服的故事

　　有天我接到一通電話，一接起來對方用一個很冰冷的機器人般的聲音告訴我我家MOD到期了，現在中華電信有促銷方案問我要不要續約這樣，我一聽到期了十分歡欣因爲我一直在等這一天，於是馬上告訴她我不想續了，對方一聽到突然從機器人變成隔壁大嬸說：「蛤啊啊啊啊～～～～（充滿戲劇性並且拖長音）爲什麼不辦了我們MOD很好看耶（撒嬌語氣）。」我說是啦不過我很少看電視好像不需要，她問那妳家有裝第四台嗎，我說有啊所以就很少看MOD，沒想到她質問我妳不是說不愛看電視那幹嘛裝第四台，我心想干妳什麼事啊老娘想裝什麼想停什麼要妳管嗎！

　　然後我想到有次也是去中華電信櫃台處理sim卡收訊不良的事，承辦人員是一個阿桑，我跟她說sim卡休誇怪怪一直會沒訊號換手機也一樣，並且拿出沒訊號的手機給她看，她問我妳這是什麼牌子的手機時我傻眼了一下，想縮該不是小姐要去約會就請她媽來代班吧，身爲電信業者不認識iPhone太不合理，此時我思緒百轉千迴想要怎麼回答她，iPhone是洋文兒阿桑可能聽不懂畢竟她連看到本尊都認不出了那說哎鳳她會懂嗎（←問題是有差嗎），最後我確認一下左右有沒有人後，身體前傾用咬耳朵的方式壓低聲音回答她這是蘋果牌（好似泳褲一條），講完自我感覺很不良好好想要大水沖澡啊（拿起蓮蓬頭把水開到最大）。

　　阿桑拿起來端詳了一下，跟我說收不到訊號是基地台的問題，我說所以這裡沒基地台嗎，中華電信大樓裡面竟然沒基地台也太不尋常，那不然妳看一下妳的手機有沒有訊號，聽完她還眞的掏出自己手機看了一下是滿格，然後用孕婦去照超音波發現肚裡的孩子有雞雞的語氣跟我說：「有耶～～（喜孜孜）」我想如果是網民在記錄這份心情時後面還會括號「撒花瓣」吧，感覺她眞

的很驚喜這樣，我說所以代表這有基地台啊是這張卡有問題吧，接著再三強調這是我換的第二支手機了，之前那支也是會莫名的沒訊號，她想了一下又看了我的手機一眼，說這是因為沒有基地台啦換卡要酌收三百元，聽完她的話我以為剛發生的事是一場夢，她撒下來的花瓣還沒被掃走呢就不認帳了，明明此地就有基地台是sim卡生病了，妳的手機都收得到可見不是基地台的問題嘛（搖她肩膀）。

最後我們講了半天她去查了一個神祕的表格，發現我的sim卡真的是有問題的一批才終於讓我換。綜合兩個小故事我好像老遇到中華電信的趣味客服吼，真是一種難得的緣份啊所以我就續用MOD了（好莫名的結論來著）～🐛—

5

我要為
4DX 輕輕唱首歌

　　我想很多人的自介裡興趣都是聽音樂看電影吧，偏偏這兩樣事情我都不是非常喜愛，所以每每遇到要填興趣的<u>摸們</u>我都很苦惱，想想我這人真的沒什麼特別喜愛的休閒活動，我就是個無趣的人哪（<u>點菸</u>）（而且我其實也不愛抽菸的）。

　　也許是老天爺的<u>創治</u>，我交過的男友包括現在嫁的<u>惱公</u>都是極端愛看電影之人，所以我雖然不愛但還是常進戲院就是。舉凡市面上你叫得出名字的大片比如《哈利波特》、《魔戒》、《蝙蝠俠》、《阿凡達》、《鋼鐵人》我都當著它們的面睡著過（希望小勞勃道尼不要因此沮喪，我不是針對你的），不知怎的戲院對我來說非常催眠，坐進去沒多久就會進入涅槃有時還會做幾個夢，《魔戒》每一集我都睡了好幾場，後來發現我這麼無法投入劇情有個重大原因，就是我覺得<u>歪果忍</u>都長很像，在分不清誰是誰的狀況下很容易就睏去了呀。

　　像<u>歪果</u>古裝片真的超催眠，因為那種片通常不會太明亮，畫面黑黑的看不清臉，那效果就像有人在我旁邊吹迷香吧沒多久就睡了啊；在講軍中的片子我也無法保持清醒，誰叫他們不但長得像穿得也一樣叫人怎麼分得清楚<u>隨素隨</u>，話說有次我陪朋友去軍中省親根本覺得全營的人都長一樣，連<u>逮丸郎</u>服裝髮型一雷同我都分不清了何況是<u>歪果忍</u>呢。

　　是說我一直到下片很久後才知道原來蝙蝠俠和蜘蛛人的女友不是同一個人演的，朋友跟我說我還不信，那兩個女的明明長很像不是姊妹也是表姊妹吧；還有某一集的《魔戒》裡面有個邪惡的法師，一樣滿頭白髮跟大好人甘道夫長的是<u>一毛一樣</u>，我看了很久睡了幾回一直不明白為何甘道夫他時好時壞，是在我睡著時伊ㄟ人生發生了什麼曲折所以性情大變嗎，但我再睡醒他就又慈眉善目了啊（抱頭）；後來我忍不住問了朋友他說那是不同人啊我有五雷轟頂，就算他倆同時出現我都會以為在演他自己和自己天人交戰的戲碼吧，

哪裡找來這麼像的兩個人啊導演是想鬧觀眾吧。

　　這樣的我之前被老公約去看《環太平洋》，是說這也是我必睡的片型，除了不知名的演員在我心中都長很像外，機器人和怪獸在雨中扭打畫面一直不清楚這也是催眠大片，但那天我沒有睡因為我看的是新時代的玩意兒4DX電影，才在預告時椅子就一直動動到我早餐強要吐出來，之後也是不停地噴煙又搖椅子，意思等同於星期天的早晨隔壁鄰居在施工，是要不要讓人睡啊（發怒）。所以今天的重點就是告訴和我一樣有進戲院就愛睏症頭的朋友，我們的救贖就是4DX，以後請指名要4DX吧，我終於從頭到尾看完一部電影了啊（感動落淚）。

6

在哪跌倒
就要在哪爬起來

　　日前有個新聞出來，說旅客如果身上有惡臭或是攜帶不潔物品影響公共衛生，以後將不能搭火車或高鐵等大眾運輸工具。看完我想惡臭也太難定義了吧，比如帶榴槤上車算不算，我個人遇過有人帶剝好的榴槤上公車，一路我一直疑心有人瓦斯漏氣了後來才發現是榴槤；還有之前有人是腳很臭搭高鐵，因為路程長他就脫了鞋結果臭到別人的新聞，這種臭物在上車前實在無法查覺，所以太難防了啊。

　　說起來我個人有過一次因為公車太臭就下車的經驗，那次是上班時間，才坐上車沒多久車上就有一種惡臭飄出來，感覺像什麼燒壞了的味道，本來怕公車要爆炸了但司機都不擔心了我擔心什麼，我只擔心上班遲到啊當然不能貿然地下車換下一班。終於一路臭到我公司的前一站，我想離公司不遠就下車好了因為被臭到頭有點昏，於是我去前面刷了卡等下車，孰料我才剛刷完卡，司機就宣佈車子太臭了不能駛下去，請乘客們全部下車改搭下一班錢不用付惹，那個摸們我好心痛，我才剛刷了悠遊卡十五元飛了呀（悼念）。

　　後來有一次我坐到一台公車更誇張，一開始是有點微微的臭味，我四處張望了一下車上竟然有屎（震驚）！問題是車上沒狗啊。由於我和屎都在公車尾端我心不安，立馬挪到前段感覺氣味有小一點；後來不知怎的屎味又大了起來，原來有人沒看到把它踩散了，此時全車瀰漫屎味走道上還有屎腳印，臭到我拿唇膏出來塞在鼻孔，聞聞唇膏的香甜看能不能把屎味拋到九霄雲外。

　　當然我不是沒有想過下車一途，因為跟屎一起待在密閉空間實在太磨人了，可想到上次損失十五元的經驗，那是我人生中的一大挫折我不能重蹈覆轍，況且我已非吳下阿蒙，我現在是主婦啊是家庭的支柱堅毅的主婦，古有明訓在公車上跌倒就要在公車上爬起來，公車處欠我的十五元我今天就要拿回來

（握拳）！眼看乘客一個個的下車但我留了下來堅決跟屎味奮戰，我想就算到站了我也不會下吧，老子要為失去的十五元討個公道。最後終於，司機宣佈他要直接開回總站洗車請大家下車，我戰勝了臭味我存下了十五元，這故事好激勵人心啊，主婦同業工會也會以我為榮的吧（熱淚）。

7 運將別跟我聊天啊

有天坐到一台計程車，上車不久司機問我知不知道板橋某家綠豆椪我說我不知，接著他喜孜孜地說剛去買了四盒要給太太驚喜，因爲中秋節時太太想吃他沒買，現在無預警地買了老婆一定很開心。聽完雖然覺得感人沒錯但想這眞是男人的思維啊，人類想吃綠豆椪還不都因爲中秋節，中秋過了對它的熱度就降低了啊，再者這種東西只要是新鮮的都非常容易壞，一次買四盒是要人家三餐加宵夜食用嗎，不知道這種東西冰了不好吃不冰容易發霉嗎，眞要補償其實買一盒就夠了吧，太太就是看到一盒會很開心，看到四盒會開始煩惱吃不完浪費的生物啊。

我其實蠻怕計程車司機跟我談心的，明明不認識幹嘛跟我分享私事，我有個朋友更誇張她不知是什麼命格，竟然遇過兩次計程車司機把孩子養在前座這種事，就邊坐邊聽到運將大哥在哄小朋友（是說這樣合法嗎），有時唱歌有時聊天有時阻止孩子跟後座乘客玩，聊著聊著問小朋友有沒有ㄜ臭臭，要我坐在後座可能就閉氣了吧，遇到紅燈這位爸爸幫孩子換起尿布，在密閉空間要打開這個潘朵拉的盒子萬一眞的有什麼臭味會揮之不去吧，這情節也太焦慮了感覺像坐在人家家客廳啊，這樣在車裡帶孩子的情事太奇幻但我朋友遇到兩次，計程車運也太好了吧。說到這她還遇過一手開車一手疑似在打手槍的司機，嚇得她到目的地把錢丟給司機找的也不要了立刻下車，怎麼這等怪事都被她遇到。

結果聽到這個故事另一個朋友不甘示弱地說有回遇到司機跟他分享小故事，說是有女子坐車不想付錢問他可否用咬代替（咬是兩個字請分開看），咬完稱讚他那裡長很好「個漂亮的大香菇」，不知道這是不是指傘很大ㄟ意屬（我猜這個幹嘛呢），又或是他的底下有些褶子（還在猜！），可是司機啊我們只是因爲趕時間才跳上來，萍水相逢的眞的不需要跟我們掏心掏肺掏下體的啊。

對了還有一個重點忘了縮，再回到第一個綠豆椪的例子（跳一下），之前情人節惱公靜靜地讓它過去了讓我發了一頓火，身為夫妻生活更沒情趣有節日能過就應該要過一過啊，不然家庭生活只會更慘淡的。結果之後的每一天他都試圖約我去吃高檔牛排，啊嗯勾情人節過了老娘不想吃牛排了（我難相處），女人就是你來補償我也未必會消氣的生物，事情要做就要做在對的點上，事前做足了不是什麼事都沒有嗎，不要等到事後才在補償，那時氣都已經氣過了來不及了啊～👄

8

新科主婦
的挫折

　　最近我的人生有了大轉折，從以前的一道菜也不會做，變成一個會下廚
的人，我想不久的將來我會出本書叫阿紅師偷吃步還被封美女廚神吧（算了，
無論是美女或廚神老子都跟他們是平行線來著）。本來買菜都在超市，買了兩次覺得
超市的東西品質好像沒很好，而且都還賣大份量組合包，比如馬鈴薯一盒三
個起跳小黃瓜一次要買八條是要逼死誰，有時只需要用一點點啊，這時媽媽
們就會告訴我，買菜擔藍要去傳統市場才對，於是找了個好日子我特別早起
去迺早市。

　　這應該是我三十七歲的人生中第一次單獨去市場，以前都跟著媽媽或姊
接，完全沒有靈魂只是跟在後面幫忙提菜；這天帶了魂出門，才發覺傳統市
場真是個花花世界，而且不像超市可以站在菜前思考，在市場裡站著不動沒
一會兒就被菜籃車輾腳了。我先接近了肉攤覺得好害怕（怕什麼呢），老闆問我
要什麼然後「趴」的一聲丟了一塊豪～大的肉在我前面說今天的叉叉很漂亮
一斤只要圈圈元，但肉一丟下來我就嚇到耳鳴了所以沒聽清此叉叉圈圈是什
麼，沒切的生肉我無法駕馭啊只好趕快離開。

　　然後我去買了一些蝦仁，老闆徒手抓蝦丟到袋子裡再把袋子丟到那堆生
蝦上讓我拿，我想在座的主婦都覺得這很平常吧，但我沒用我害怕，那袋後
來我一直提得離身體很遠，經過老闆蝦手找來的錢我還沒放進皮包裡，深怕
蝦味會帶壞其它的錢（會嗎）。看到其它主婦會捏魚捏蝦再把手放在冰塊上抹
一下我好敬佩，然後想到有一次我娘為了想知道生雞腿有沒有醃到太鹹竟然
伸舌頭舔了它一下，主婦真的很大膽哪。

　　最後我到感覺最沒攻擊性的菜攤上，沒想到卻是讓我最挫敗的地方。因
為要蒸魚所以應該來點蔥薑，我先拿了一支薑一把蔥，老闆看我還在挑就把

我的蔥薑收走說先放著吧，就在我四處看要買什麼時，有位太太去結帳說：「老闆，送我個蔥薑。」老闆說蔥太貴<u>北盈哩</u>就送了他薑，跟我買的一毛一樣的送一整支，當場我覺得心被踩了一下因為我買了個贈品啊。

　　然後又有人去結帳說了一樣的話老闆又送、再有人去結帳老闆再送，當著我的面送出三副我整個跌坐在地。最後一個太太更狠，老闆說蔥貴不能送時她還<u>盧</u>了一下，說可是她只是要蒸魚用不到那麼多，聽到我耳朵一亮想說我也是蒸魚我也是蒸魚啊，最後盧到老闆答應讓她買一把的一半，我馬上跳出來說那另一半賣我<u>厚嗯厚</u>。結帳時我很認真的想薑會不會不算錢因為那是菜攤贈品，結果<u>擔藍</u>沒有，我本來想開口要但話卡在喉嚨，身為新入門的主婦我還太嫩，歐巴桑是某<u>摳</u>零花錢買薑的，我空有阿嬤的年歲卻花錢買薑我挫折感好重啊。　ᴍ

9

**我想呆子
只能去超市買菜啊**

　　雖然我在市場是屢戰屢敗但我不服輸一直想挑戰，可剛去了一趟傳統市場又換來一顆破碎的心，我不禁認眞思考身爲阿呆還是大賣場適合我吧，人生還不夠苦嗎我應該再去傳統市場找尋挫折嗎。

　　這天的目的是買苦瓜，本來想買山苦瓜買不到，看到一間的苦瓜特別小條就買了，又不是一大家子有時看到太大的東西完全不敢買啊，拿去秤重老闆說60塊我不疑有它的付了，不買菜的人對菜價是無感的，我想在外面炒一盤鹹蛋苦瓜可能要NTD200，所以一條生的60應該不算太過份。買完後繼續在市場閒晃看有什麼其它可買的，晃著晃著看到別攤有賣大苦瓜一條NTD25我當下直想搥心肝，然後安慰自己縮沒事的，我買的是小苦瓜，大的貴小的便宜並不是世間的眞理，小的東西因爲小巧而精緻通常還賣比較貴啊（是的我是自我安慰達人）。但不到三秒鐘這個幻想就破滅惹，因爲大苦瓜旁有跟我買的一毛一樣的小苦瓜，標示著三條50塊三條50塊三條50塊啊啊啊，爲什麼我買到一條60的這是老天爺的創治要讓我成爲更有用的人嗎（是成爲冤大頭吧）。

　　再想到之前有次去市場買高麗菜，當時高麗很便宜，我還記得全聯賣一大顆25元左右，那天我站在菜攤前老闆一直跟我推銷梨山高麗說多甜多好吃半顆70，我想怎麼比平常的貴這麼多她說沒錯的，強調因爲這是頭尖尖的高山的唷，試試看就知它價值所在不會後悔的，我想了半天看在它剖面看起來頗大的份上還是買了，畢竟我是逮丸ㄟ凱莉不來蕭吃高級的高麗菜只是剛好，結果呢，回家一看那竟然不是半顆的剖面耶，它半面是大的但側面看是薄的，而我因爲沒有環景看它竟然沒花現，但哪有人把高麗當冬瓜那樣切成很多片啊，老闆你也太黑心了吧！

　　還有一次我去買芭樂，那天我本來在那自己挑的老闆突然熱心地說：「我

幫妳挑！」，就把袋子拿走幫我選老闆還真貼心，結果回家拿出來洗才發現有兩顆正面是好的但屁股是爛的，原來老闆假好心是為了把爛芭樂給我，人心未免也太險惡了吧。我媽看了大笑說妳這副德性老闆不騙妳要騙誰，我想我的市場運不太好，以後還是去大賣場買菜好了，還有，真正讓我心碎的是有攤是個少女在賣菜，該名少女叫我阿姨叫我阿姨啊（跌坐在地），光為了這個就該封殺菜市場了啊。🙰

10

失格的主婦

　　我想我應該是個丟臉的主婦吧，因爲前面寫過我去傳統市場買肉時，老闆用拿過肉的手找我錢我會不敢把它收皮包，只想立刻把沾著生肉的錢花掉，身爲主婦介意這種小事是可以的嗎，而且我竟然花錢買蔥薑蒜，那對主婦們來說不是上市場的贈品嗎而我花錢買啊（自責）。不過我一直認爲除開這些事我應該勉強還算合格主婦，直到最近加入了改變我一生的麵包機社團，我才知道我實在太淺了我根本主婦之恥啊。

　　一般時候你想買東西時會怎麼做，以我這種衝動型人格想要什麼我就馬上要（手指地）！要是方圓五百公尺沒有賣的話，我會打開二十四小時購物去找，要是連網拍也找不到這樣一物難求我就更想要，然後會失心瘋似的調查哪裡有貨，就算花大錢坐計程車飆去也在所不惜，反正今天沒拿到我誓不爲人（綁頭巾）。我以爲世人都這樣吧尤其是女人，誰能忍想要的東西無法馬上拿到這種苦啊，這是一種煎熬晚上會睡不著吧。

　　結果我發現麵包機社團裡的主婦們不是這樣的，很多人想買什麼第一個反應是PO上網問還有沒有人想要，策略是用一個以量制價的方法去跟店家砍價，又或者有人會直接去找業務代表談，私以爲身爲一個主婦這樣也太厲害了吧，想買什麼還去找上游廠商誰有那個耐性啊（世上就我沒有吧）。談出來結果是二十個多少錢那三十個又多少錢，團長再上網湊數兒，務必湊到有漂亮的價錢再下手，不管東西大到數千元小到兩百塊都有人這樣做，老實說要是我要這樣等早就從熱血期降溫到不想要了，可社團主婦以此爲樂耶實在太有耐性了啊（拱手）。

　　另外還有人會一次買他個一百斤麵粉大家約到哪裡分裝，我心想有便宜很多嗎，這樣大費周張的有划算到嗎，啊嗯勾友人說這就是主婦的樂趣我

不懂啦，好吧我想這件事我永遠不會懂的，誰叫我討厭等待呢。最後跟大家分享我主婦人生的汙點，是說我買麵包機是網友幫我團購的花了六千一，本來一直隱瞞著這件事因為覺得撿到大便宜了，我查網購都要六千八啊，萬一透露出去大家都去找他團購造成人家困擾怎麼辦？直到加入主婦社團才知大家都買五千五左右，我買六開頭我不配當主婦，主婦同業工會要把我除名了吧，我是一名徹底失格的主婦啊。♏

後記：因為想力爭上游挽回我優良主婦的好名聲，最近我揪朋友合購了十斤麵粉兩個人分，算起來好像比零買便宜兩百塊吧。為了這一人省一百在家分裝時弄的是白粉滿天飛裝到我生氣，終於體會到電影裡的家庭毒品工廠是怎麼回事兒，團購麵粉的主婦們容我向您致上最敬禮吧。

11

上次我看到
有人這麼做是我媽

　　有天我跟人妻友人見面，這是認識十幾年從少女時代就交陪至今的朋友（不是那個Gee Gee Gee的少女時代）（是說有人誤會嗎），不得不說看一個女孩從少女變成歐巴扇真是種微妙的感覺，但我想她看我也是一樣吧。

　　一開始我是發現朋友無論在吃飯間或沒事時都會拿出口紅補一下，我想縮上次我看到有人這麼做是我媽，這不是中年婦女的進桃嗎，少女比較會補粉吧而且是偷偷找個地方補，我問她妳幹嘛像個歐巴桑她說有口紅氣色才好，上次我聽到有人這麼說也是我媽，是否女人老了都會殊途同歸呢想到這我子宮都收縮了一下。是說老人真的很愛補口紅耶，最煩的是明明知道在喝水還是硬要補，就是會邊補邊把口紅印在水杯上，然後唇色被洗掉後繼續補，老實說我每次看到水杯上的口紅印都頭皮一麻，因為我覺得圓圓的中間還有一條條那壓根菊花拓（誰會去拓自己菊花）（也很難講），反正我就是不喜歡在水杯上看到口紅印，而且覺得這個行為在歐巴桑量表上一定能得到高分啊。

　　然後我們去店裡買東西朋友很自然的跟店員攀談起來，店員是個年輕男孩兒很明顯的是問他話他才應答，而且答案還精簡只答跟產品有關的事，可友人還是忍不住莫名的聊開了跟他掏心掏肺起來，還跟小男生說因為我家住淡水不拉不拉不拉，出店後我說誰管妳家住哪幹嘛跟店員談心啊，她說沒辦法我是歐巴桑我一定要跟店員聊天呀。

　　隔天我另一個同年齡的朋友說她現在不自己洗頭了都去外面洗，在我心中出去洗頭這又是一個阿嬸的表徵，年輕人是會偶爾出去洗啦，但always出去洗這不是中年婦女嗎，以前小時候鄰居媽媽都會出去洗頭吹出半屏山還撒亮粉啊，當然我朋友是沒有吹座山啦（安心）（是說今時今日誰會請小姐吹山啊），但她為了省錢還寄洗髮精在店裡，這又是一個我心中的歐巴桑行為，小女生

是不會次次都去外面洗頭的更不會寄洗髮精的啊。但我又憑什麼說別人呢，上禮拜有天天氣很冷我不小心先穿了衛生衣，最後為了不想脫索性把奶罩穿在衛生衣外頭（羞），上次我看到有人這樣依然是我媽，能理直氣壯的這麼做我才是個歐巴桑啊（點菸）。

　　對了我媽還會讓內衣的兩杯在背後，從正面先把內衣的扣子扣好再把杯轉正（是說有人想聽這種家母祕密生活嗎），我老想不透她為什麼要這樣，是人老了手硬了繞不到背後了嗎（沉思），這個問題答案先保留著，待十年後看看老衲會不會也這樣穿再來回覆大家好了（但到底誰想聽這個啊）。🥸

12

老化ㄟ進桃

　　身爲一個日漸老化的人（誰不是呢）（好吧徐若瑄不是），每隔一段時日我就會對老字有新定義，比如約莫三年前，我發現以前從來不喜歡少男偶像的我，竟然開始迷戀彭于晏這類美少年，我把這一切解釋成老身已經是個師奶了，不然怎麼會一夜之間口味大變呢。

　　時光飛逝不知不覺又老了幾歲，對彭于晏的愛好像有稍微減退些，倒是每回在電視上看到潘懷宗博士內心都忍不住悸動，窩的馬呀這是離老更近的意思吧，代表著我開始和溫老木愛看一樣的節目了，不然怎麼會愛上潘懷宗先省啊（天崩地裂）。沒辦法人老了對健康的事開始在意了，以前看到吃什麼補什麼那類文章是直接跳過，現在不但認眞研究還會把它存下來時不時去回味一下；以前隨身攜帶化妝包方便隨時補一下睫毛膏唇蜜，不知不覺化妝包已經是身外物不知多久沒看到它惹，取而代之的是刮痧板，對，我現在隨身攜帶刮痧板，一感到肩痠頭脹就自己刮兩下，朋友身體不適我也會立刻拉開他的衣服進行刮痧療程不管人家願不願意，以前覺得歐巴桑都有強迫別人順從她的症頭，沒想到現在我自己也是這樣啊（抱頭）。然後爲了保持口氣芬芳以前包包常備的口香糖現已改爲八仙果，小時候覺得那是中藥好難吃現在可愛著呢，這所有的改變答案只有一個就是拎北老了啊～

　　唯一值得慶幸的是世上不是只有我在老朋友們也都有跟上，是說有天同事介紹我一種很涼的薄荷油，我一試驚爲天人，和好友出門就立馬把這神物介紹給她們，那天惱公開車我們三個女生在車裡，一直輪番地往脖子上抹涼油讚嘆也太舒服了吧，擦到整車都是薄荷味呼吸整個好暢通，最後用這等好物一定要發起團購誰要三罐誰要五罐畫下句點。回想當年在專櫃試香水，互相說這個水果味是妳的味道那個綠茶味是她的味道的我們，曾幾何時身上只

剩下涼涼味（溫ㄤ稱之爲老人味兒），這是什麼呢這就是變老的滋味啊（邊嘆氣邊拿薄荷油塗腦門），惱公因爲此情此景還創作了一首歌曲「哩五歐八桑ㄟV～吼哇凍北條～想唄肥落Key～」（請搭配林強的《查某人》，來賓請掌聲鼓勵）。

身爲內湖小林夕的我，無法抵抗我內心的創作魂填完了一首詞，最後請大家跟我一起吟唱這首歐巴桑，爲本篇畫下完美的句點吧——

歐巴扇

詞、曲by內湖小林夕

妳有涼冰冰ㄟㄤㄍㄨㄣ哪　打缸攏洗薄荷味　歐巴桑的味～♪
有歐巴桑的味　讓我擋不住　想要肥落去～♪
妳有老花的眼睛　報紙都要拿很遠　歐巴桑的味～♪
有歐巴桑的味　讓我擋不住　已經喜歡上妳～♪

哦歐巴桑　讓我輕輕叫著妳的名～♪
因爲有妳　我的生活都有八卦可以聽～♪
哦歐巴桑　讓我輕輕叫著妳的名字～♪
因爲有妳　我廚房裡的蔥蒜也都是免錢～♪

妳有涼冰冰ㄟㄤㄍㄨㄣ哪　打缸攏洗薄荷味　歐巴桑的味～♪
有歐巴桑的味　讓我擋不住　想要肥落去～♪

一週 7 道救婚姻

阿紅師的
懶妻上菜

在婚姻中載浮載沉的職業婦女們，
是否對於忙了一天回到家中還要準備晚餐感到非常苦惱呢？
是否對於剛跟惱公吵完架卻還要做飯給他吃感到氣結呢？
是否對於逢年過節回婆家時做不出像樣的料理而焦慮呢？
別擔心，全台知名的阿紅師這次不但教你七道做起來快又好吃的懶妻料理，
順便還告訴你每道料理在婚姻中的重要作用喔！

阿紅師的居家必備調味料

油／麻油／米酒／鹽／醬油

香油／黑白胡椒／鵝油

料理家　阿紅師

婚前三個月才開始學習料理，並隨即挑戰連續三十天料理的夏日傳說成功，從一介廚房裡的二百五搖身成爲廚藝精湛堪稱阿基師（不認識）的關門弟子。

好媳婦年菜之

百花鑲鮮菇

　　不管平常在家再怎麼欠殺兼傲嬌，過年時只要換上好媳婦假面討公婆歡心，在親朋好友面前老公都會覺得非常有面子而每天愛妳多一些。這道菜簡單易學不用開火失敗率又低，端上這樣大器的年菜，還有個喜氣洋洋的名字，這不就輕易擄獲婆婆心了嗎，內個女人就不會跟隔壁張太太說：「我那個媳婦啊什麼都不會，連蛋都下不出來真不知道娶她要幹嘛啊。」（為什麼要汙名化婆婆呢）。

　　這道菜我第一次做蒸好端出來時工程師覺得我好強，因為看起來是道華麗的大菜，重點是蝦味重菇味也很重味道挺不錯。蝦口感Q彈菇則水嫩鮮滑，我得意洋洋地po了一張照片上fb，沒想到網友都說像噴或是嘔吐物／工程師好可憐等等。可吃起來真的不壞啊，應該只是我不會擺盤所以賣相不好而已，所以這次蒸出來後讓攝影師好好擺上，再把盤子底下的汁淋上去，邊邊放上幾朵綠花椰，是否激似飯店會端出來的大菜，我覺得它很適合當年菜，主要是好做樣子又厲害，而且過年時家裡的爐通常都很忙，當一個爐在忙著燉湯另一個在忙著滷肉時，就可以用電鍋做這個百花鑲鮮菇是不是很有效率。

- 蝦仁半斤　・ 香菇五朵　・ 鹽、糖酌量
- 雞骨熬煮高湯　・ 太白粉
- 白胡椒　・ 香油和豬油丁

HOW TO DO

1　首先去蝦腸，去蝦腸其實揪甘單ㄟ只要用刀在蝦背中間劃一刀再用牙籤把黑黑那條挑出來就可以了。

2　把蝦剁成泥，不知道是我刀不夠利還是怎樣，總之這不是件容易的事兒啊。啊嗯勾私宅料理的精神就是用料大器，所以不很泥不是剛剛好嗎？剁完加入跟蝦差不多量的豬油丁，就是跟肉攤說你要買炸豬油用的那種油丁，請他弄成絞肉比較方便，把蝦泥和豬油丁攪和在一起。

3　接著把鹽、糖、高湯、白胡椒和香油都加進去，份量都是一點點就好。我是想說新鮮的蝦子有自己的味道，調味何必加太多呢，加進去後拌勻。高湯真的只要一點點，不要加到它會稀的地步哦，免得待會堆上後發生土石流現象（叮嚀）。

4　然後在去了蒂的香菇上撒一點太白粉，是說我本來在看備料時以為太白粉是要加在蝦泥裡的，而且我幻想做出來的東西跟火鍋店裡給的蝦丸是同個東西（吧），沒想到原來是要撒香菇上，奇怪了又不是要炸，不過根據我追隨阿基師多年的心得，我猜這是要讓蝦黏在菇上（吧），雖然我個人不愛太白粉總覺得它很邪門（拿它時的手感很怪啊），但還是撒了一些。撒好後把蝦堆到香菇上，接著就送入電鍋。

5　電鍋底我個人是放一杯水，因為香菇會出水，所以我選了有深度的盤子，要做的朋友記得要用深一點的盤哦（叮嚀）。

趁電鍋在蒸時燙個
花椰菜來裝飾吧～

去蝦腸。

把蝦仁剁成泥，然後把調味料拌入。

把蝦泥堆到香菇上。

放入電鍋蒸，外鍋一杯水。

愛他就是照顧好他的
攝護腺之愛心南瓜濃湯

　　男人啊，沒有人魚線至少要有健康的攝護腺，江湖傳言南瓜對攝護腺很好可平常好似不常在什麼菜裡吃到，所以偶爾來鍋南瓜濃湯又洋派又養生洗嗯洗揪讚ㄟ，最重要的是此湯極好做，在此推薦主婦們偶爾做一下把惱公的攝護腺顧條條～

　　這湯喝不完放到隔天會更濃再放到隔天會濃上加濃濃濃更濃，配上麵包彷彿置身在法國餐廳啊，閉上眼都能感到旁邊有人在拉小提琴呢（是家中鬧鬼吧），賢妻們有空就做做看吧～

　　對了，我做過兩次一次有削皮去籽湯很黃沒雜質，第二次什麼都沒去就像照片這樣有點花花的，我是覺得有些點點挺好看的啦，只是南瓜籽真的很硬攪拌棒也打不太爛，可能喝著喝著會喝到小小硬硬的東西，不喜歡的要濾一下，不然就索性削皮去籽吧。

- 南瓜　• 洋蔥　• 牛奶
- 牛油　• 高湯

攪拌棒真是廚房裡的瑪麗亞啊（心）

HOW TO DO

1　理論上南瓜要挖掉籽去皮切塊拿去蒸，不是我在說南瓜生的還真頑劣，切不太動皮還不好削，此時我想到江湖傳言南瓜籽和皮營養價值頗高，所以乾脆都留著吧因為它的皮實在難削啊（結果只是不想削皮的人放的假消息這樣）。

2　洋蔥切碎後先放鍋裡用牛油去煎，沒牛油用一般油也成啦，吾友江姐說要慢慢用小火煎到它化掉甜味都出來，但我是忙碌的職業婦女誰跟你慢慢煎啊我連切都懶得切，都用攪拌棒攪給它爛就好，但如果妳不幸沒有攪拌棒，就只能切很細再用寶貴的光陰去慢慢煎囉。

3　洋蔥煎到化掉後加入高湯或水，我是加了自己熬的雞高湯，不要加太多事後可以慢慢去調

配，因為此湯太濃很噁太淡又沒味兒，所以加入南瓜後慢慢調比較好。加完湯把蒸好的南瓜強下去，此時如果你是用果汁機就是把南瓜放涼再放下去打，在下因為有攪拌棒所以南瓜下鍋後把棒棒直接伸進鍋裡攪，要是不幸妳還是沒有攪拌棒（當然不會有，才過了一段文啊哪可能剛才沒有現在有！），可能要先拿東西把南瓜壓爛吧，對了忘了縮，沒攪拌棒之人還是把籽挖掉吧，不然很難處理啊。

4　南瓜都化掉後倒進適量牛奶，什麼叫適量呢就是不要太稀吧，有起司的話可以加一片因為我感覺它很搭，再加入鹽和胡椒，一鍋愛他就是照顧好他的攝護腺之愛心南瓜濃湯就完成溜！

南瓜切塊去皮去籽。

放進電鍋蒸。

把洋蔥弄碎後放到鍋底用牛油煎化。

加入高湯，然後把蒸好的南瓜強下去。用攪拌棒把南瓜攪化後，加入牛奶和調味。

明眼人應該有發現我沒去皮也沒去籽吧～

懶妻上菜之

三十分上桌偽油飯

是說天下老公一般黑，餓起來就一直催開飯，開了飯可能又會嫌怎麼沒有肉一點也不下飯，這道快速上桌偽油飯完全解決了這些問題，因為它速成而且可以直接吃，免去白飯需要配菜的困擾，還有最重要的一點，男人無法體會剩菜讓太太有多痛苦，但如果我們不想收硬把剩菜吃掉也只是胖了自己啊（點菸），所以以後先生如果再剩下東一點西一點，建議賢妻們就把這道菜裡應該放的配料換成那些剩菜，你不吃完是吧，我就借屍還魂逼你吃完（捻痣毛）！冰箱少了剩菜這婚姻不就更和諧了嗎～

此道菜聞起來很香吃起來有點像油飯但又沒那麼鹹，手腳快的話其實根本不用半小時，直接拿生米煮成熟飯又不用配菜煮好直接上桌是不是懶妻的救贖呢（其實踢老公出去買便當更快）。電視機前的懶妻快學一學吧，記得口訣煮八分鐘悶八分鐘，其實就算家裡沒料光用醬油我都覺得可以，好了後加一點點油假裝是古早味豬油拌飯就好溜（再放一顆蛋吧不然很可黏），唯一的問題是我疑心要用那種保溫度好點的厚鍋才行，太薄的鍋我怕悶不熟，我試過用鑄鐵鍋還會有香噴噴的鍋巴，超好吃的啦～（自己做菜自己誇）

WHAT YOU NEED

- 毛豆
- 鮮香菇
- 乾香菇
- 醬油
- 米
- 鵝油香蔥（豬油也可以囉！）

喜歡什麼料就是加什麼吧，做菜就是家有什麼用什麼最方便啦～

HOW TO DO

1　先把料處理一下看要切絲切塊隨在你，反正不要讓它太大就是，對了之前上料理課老師說菇類是在包裝裡長大所以不用洗，洗了會破壞它的水份和甜度，只有金針菇因為長太密裡面會藏東西所以需要洗，乾的也不要泡，只要把褶子裡的髒東西沖一下然後靜置個十分鐘它自然會吸飽水長大，我試了是真的哦。

2　接下來煮飯，我是用兩杯米兩匙半醬油，用家用不是最小的那種湯匙量就好比較省事，一般是兩杯米差不多四匙醬油會比較有味兒，但我和工程師算口味清淡的人所以我想別加太多，反正太淡再加鹽太鹹沒得救啊，新手做菜不會拿捏份量時記得下手千萬別太猛，淡一點很樂活太鹹實在傷身哪（叮嚀）。此處有個重點是醬油要先倒在米杯裡再混水進去，就你平常煮飯用多少水現在就用多少，只是多了醬油進去的意思，醬油不要另外加哦～

3　加好後就上瓦斯爐去煮，煮到水開了後把料強進去，丟進去後記得喇一下，然後蓋上蓋子轉小火煮八分鐘後關火悶八分鐘，悶完打開加入鵝油，把所有東西都攪勻這道亂七八糟炊飯就完成溜～

注意火不要熄了～小瓦斯中毒難吃事小事大啊。

237

料切小塊或切絲。

米洗好後，加入醬油調水，開火煮滾。

水滾後把料強下去。

把料跟米喇均勻。蓋上鍋蓋小火煮八分鐘後關火悶八分鐘。

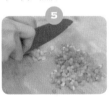

閒著也是閒著不如來切點蔥花。

悶完打開加入鵝油，把所有東西都攪勻再撒點蔥花。

天冷就

來碗麻油雞吧

　　妳是否常常有想手刃親夫的念頭，請不要自責，妳不是壞女能，因為這樣的念頭每個太太都會有，有時季節交替情緒比較不穩定時我一天還會起八次殺機，這些都是正常的（摟）。

　　但我們不能這樣做，孩子需要爸爸垃圾需要人倒卡費需要有人交啊，可是情緒總要有出口不然氣難平，就做一鍋燥上加燥的麻油雞吧，表面上是體貼的心意，實則是希望麻油和老薑把他的痔瘡逼吃來，想到他隔天回頭看馬桶裡面全是血，這心情不就舒爽了嗎（魈咖捻翠秋）

　　家母美雲的長項就是麻油雞，我們血脈相傳我做得應該也不差（吧），重點是麻油雞和薑母鴨根本是同個東西只是換了主角，所以學會麻油雞等寒流來了我就可以在家做薑母鴨了耶，話不多說就來做麻油雞吧～（雞和吧唸時要離遠一點兒不然很難聽）〰

- 土雞腿
- 老薑片
- 麻油
- 米酒

HOW TO DO

1   雞要用土雞比較好，家母美雲說想要湯濃可以多買一付骨架丟進湯裡煮，記得要用老薑不是嫩薑喔。

2   首先熱鍋下麻油，我估出的食譜上說100克麻油配300克水，那不等於四分之一是油，也太可怕了吧我不敢下這麼多，但我發現麻油過少會很無感，所以可以多下點兒哦。老薑洗乾淨後切薄片不用削皮，開小火油熱後把薑片丟進去煸，祕訣是讓它煸到金黃邊都彎了才罷休，然後丟雞腿進去炒，切記要小火，因為用大火攻麻油會有苦味哦。

千萬不要玩圍裙裡面不穿的遊戲，被油噴到很痛的啊（叮嚀）

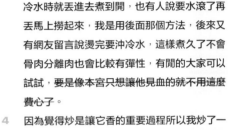

3   忘了說雞腿我有先燙過，江湖上有派人馬說要冷水時就丟進去煮到開，也有人說要水滾了再丟馬上撈起來，我是用後面那個方法，後來又有網友留言說燙完沖冷水，這樣煮久了不會骨肉分離肉也會比較有彈性，有閒的大家可以試試，要是像本宮只想讓他見血的就不用這麼費心子。

4   因為覺得炒是讓它香的重要過程所以我炒了一陣子，炒到你覺得夠香了加水進去，就加到淹過雞免得牠攔淺，記得把骨架也丟下去熬，水開了後有泡就撈一下泡。

5   我是讓它開了一會兒再加入米酒和鹽，就這樣慶菜煮一下一鍋麻油雞就好溜，其實不用熬很久雞不是不好熟的東西，然後真的不要怕它油，麻油就放膽加下去吧不然不來勁兒也不夠燥子痔瘡沒發怎麼辦，對了，有派人士主張不用加鹽，可我覺得不加有點苦啊，就看個人習慣囉～

老薑洗淨後切薄片，不用削皮。

熱鍋下麻油，記得要放膽加下去啊。

開小火油熱後，把薑片丟進去煸。

記住要把薑煸到金黃邊都彎了才能罷休，掌握此重點就成功了一半。

終於學會

另一種飯怎麼炒

　　婚姻啊，不就是個兩個人互相激怒對方但也拿對方沒門的制度，都結婚了還能怎樣呢（兩手一攤），古有明訓床頭吵床尾和今天的怒氣別帶到明天去，這床頭和床尾間有什麼神祕的配方嗎，答案就是炒飯！炒一手好飯能讓大事化小小事化無，炒一手好飯能讓婚姻逢凶化吉，電視前的你能不好好炒飯嗎？話說蛋炒飯好像是道簡單的料理，小時候家母美雲常做但我並不愛吃，因為她的都是加蛋和冷凍蔬菜和蕃茄醬，我個人不喜歡蕃茄醬味，而且她害我以為蛋炒飯就是蕃茄醬炒飯吃起來還黏呼呼的，一直到出社會自己有機會吃到外面炒的後，才知道原來市面上的蛋炒飯都是白色是白色不是紅紅的呀！而且重點是粒粒分明不能黏在一起，我娘對炒飯的誤解很深，希望她能跟炒飯道個歉。炒飯重點在於悶飯時要減少水量別讓飯太軟，這點做到就成功一半惹，要是能把炒飯得粒粒分明又Ｑ，私以為跟外面餐廳吃到的差不多了，哦媽媽，我終於學會另一種飯怎麼炒，以前只會炒那種不用開火的飯啊（是哪種飯呢）。蛋炒飯真的是個容易又管飽的料理還可以清冰箱（剩什麼全都丟進去炒一下就是），太太們快學起來吧～

• 飯　• 蘑菇　• 洋蔥　• 火腿
• 蛋　• 蔥花　• 鹽　• 昆布醬油

HOW TO DO

1　飯是主角先介紹一下，坊間流傳說炒飯要用冰在冰箱的隔夜飯，但教我這道菜的朋友老頭說剛出爐的飯咔厚，記得悶飯時水放少一點，意思是乾一點啦這樣才有機會粒粒分明，粒粒分明是炒飯的第一生命啊，所以我是用一杯米和四分之三杯水下去悶，悶出來像一塊鐵餅好驚人哪。

2　然後把其它材料都切成小塊，材料可以隨意置換端看你家冰箱有什麼，香港人好像會放切碎的萵苣我也覺得美賣，有種脆脆的口感大家可以試試。我個人覺得洋蔥要切到很細但也不能攪爛，所以要戴上墨鏡切或蛙鏡不然會哭哭，料備好後先倒油，然後把剛那些料丟進去炒一下，反正都是些好熟的東西，大火意思意思炒個一分鐘就好，炒好加點鹽盛出來放旁邊。

3　接下來再加點油把蛋打進去，話說飯要漂亮油就要多才會油油亮亮，只是油放太多畢竟不健康大家請斟酌。蛋先打好倒進鍋火速的用鏟子喇一喇，記得用小火然後不要喇太久免得蛋熟了，（對了，我用兩碗米三顆蛋），然後把鐵餅飯加進去，快快的拌炒讓飯均勻沾上蛋，夠快的話米粒會沾上蛋液顏色超漂亮搭。

4　飯炒勻後把剛的料再加回去繼續炒，炒到料和飯都勻了加點鹽和昆布醬油和蔥花再炒一下，我是炒到感覺水份收乾就成功溜～

材料記得都切成差不多大的小塊。

炒蛋用小火然後不要喇太久免得蛋熟了。

在蛋還沒熟之前把飯倒下去快速拌開。

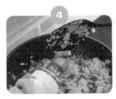
剛剛的料加回去繼續炒。

加入調味料後再炒一下就搞定囉～

冰箱裡還有什麼剩菜也一起丟下去吧～

鹹蛋苦瓜配啤酒

正是婚姻的苦鹹滋味啊（乾了）

　　如果戀愛的滋味是酸酸甜甜，那麼婚姻的滋味就是苦苦鹹鹹啊～可是苦鹹的東西炒得好入口是開胃回甘的，意思是好好經營婚姻就會苦盡甘來的嗎？這點我不是很確定，只知道這菜很下酒，孩子睡著時媽媽們就灌醉自己吧，婚姻裡很需要買醉的。（是嗎）

　　在此我想先問問各位同協，大家覺得鹹蛋苦瓜的第一生命是什麼？就是蛋黃要黏在苦瓜上吃起來ㄙㄨㄚ　ㄙㄨㄚ啊！！（自問自答好空虛）這邊就要告訴大家如何把鹹蛋黃炒ㄙㄨㄚ　ㄙㄨㄚ。另外市面上有派說法是這道菜應該要勾芡，可因為老子不喜歡那個東西覺得少吃為妙，所以我是不加的，自己做菜的好處就是可以自由調度（比如做什麼都加朝天椒）。

　　另外先提醒大家因為鹹蛋夠鹹了所以這菜不需要加鹽，以及最後記得一定要配酒灌醉自己，婚姻中可是不能太清醒的啊（是的我價值觀偏差）。

- 苦瓜一條　・鹹蛋兩顆　・蒜粒
- 蔥段　・米酒　・朝天椒（我因為
個人喜好加了一根，怕辣的不用加也可以）

HOW TO DO

1　苦瓜剖半挖掉裡面的籽然後切成薄片，記得切
薄一點，因為苦瓜不好熟。然後把切片苦瓜丟
進熱水汆燙（汆字下得是否很專業），水裡要加一
點油和鹽，為什麼要加油我不雞道，而且至截
稿為止都聯絡不上阿基師，所以我到現在還是
不知道，但人生的謎團很多何必一定要解開
呢，叫你加就加啊，煮完拿出來瀝掉水份。

2　鹹蛋要特別說明一下，千萬不要試圖剝它因為
它很難剝，就連殼對半切再拿湯匙把蛋挖出來
就好，蛋黃蛋白要分開，然後蛋白剝小蛋黃慶
菜的把它弄碎一下。

3　把鹹蛋炒得ㄙㄨㄚ　ㄙㄨㄚ的訣竅是下油後先
把蛋黃丟進鍋裡一直喇，喇到它起泡，掌握了
這個Know How世上再也沒有失敗的鹹蛋苦
瓜了，但也不要喇太久會乾掉哦，乾掉就沒有
金沙感溜。

4　喇完加入蔥段蒜末及辣椒炒一下，再加入蛋白
炒一下，炒勻後加苦瓜進去繼續炒，炒到均勻
後加點水進去，水不用太多不然等收乾要等很
久，收乾後加點料理酒進去嗆鍋邊，再加幾滴
麻油，這道象徵婚姻又苦又鹹的鹹蛋苦瓜就完
成柳～

葱蒜辣椒切碎末備用。

苦瓜切薄片後放進水裡汆
燙，水裡放點油。煮完瀝
乾水備用。

鹹蛋對切然後把蛋黃蛋白
挖出來。將蛋白剝小塊，
蛋黃喇碎。

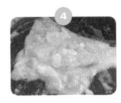
下油後先把蛋黃丟進鍋裡
一直喇不要停啊。

喇到它起泡，像這樣。

這就是鹹蛋苦瓜最重要的Know How～

243

煎魚失敗

不代表人生就失敗

　　是說再怎麼會做菜的人都不見得能煎一條美魚，就如同兩性專家婚姻不見得幸福一樣（點菸），於是我決定不害羞的將我第一次煎魚就失手的故事在這邊分享給大家。各位同協，煎魚成功代表你已經是個真真正正會做菜的人，煎魚失敗再逼老公吃掉，吃完後他會告訴你「老婆，以後我們還是上館子吃飯吧」，這不就少煮一頓了還能出去約小會，所以煎魚是道雙贏料理，快試著煎魚吧。不要怕，煎魚失敗不代表你的人生就失敗，不禁一番煎魚苦，哪得冀園撲鼻香呢。（對，如果老公提出上館子我會選冀園，湯好好喝哦）

　　大家都知道本人沉迷在料理的世界後，從一介廚房裡的二百五做到自認為廚藝精湛堪稱阿基師（不認識）的關門弟子，可江湖一直有傳言煎魚是門高深的學問，學會煎魚就代表你是個會做菜的人，只是想不到在我挑戰煎魚後上桌時變做上圖的光景，這還是我擺盤過的，沒擺前更藍看哪。難看就算了，很多菜都不好看但至少它好吃，但因為我這煎魚本身沒調味，是說它能難吃到哪呢還不就魚味，但事情不是阿呆想得那麼簡單，因為這魚吃起來好油啊我明明也沒加多少油～看來這魚死的輕於鴻毛了魚媽媽我對你不起啊（下跪致歉）。

• 魚

HOW TO DO

1　為了當一個堂堂正正的料理人，在看了七七四十九部youtube的煎魚影片，看到用燈光照著我牆上的影子都有可能是魚一條，我感覺煎魚已經內化成我人生的一部份後，擇了一個吉時就出發去市場買魚溜。若是像我一樣跟魚不熟，就去市場的魚攤問老闆什麼比較好煎，順便跟他說你是新手，老闆會很熱情的教你怎麼做，市場真是個溫情的地荒啊～

2　首先把魚洗乾淨擦乾淨，記得要擦乾，帶有水份的會油爆，丟進鍋裡馬上毀容哦（叮嚀）起鍋熱油，我看youtube大廚會拿著鍋柄搖晃讓油鋪滿整個鍋，當鍋熱油也熱時把魚丟下去，聽說這樣做皮就不會破可以煎出漂亮的魚。

3　可是很顯然的魚比鍋大時尾巴那不會熟啊（苦惱）。煎到一半我實在拿它沒門只好把魚尾砍了不然怎麼辦（兩手一攤）當時它看起來還算正常。（吧）

4　聽說煎魚Know How就是先不要動魚，開大火不動它三十秒等魚皮定型後再翻就不會破我照做了，但魚依舊肚破蛋流，youtube的叉叉師騙我，魚根本不會定型啊～～～～

首先把魚洗乾淨擦乾。

鍋熱油也熱時把魚丟下去。其實煎魚是要下鍋前先抹個鹽調味的各位同協愛字意。

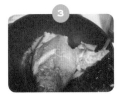
假如魚比鍋大尾巴會不熟，就把尾巴給砍了吧。

開大火不動它三十秒等魚皮定型後再翻面，但假如你魚比鍋大或是油不夠多就會變做安捏。

此時可以使用筷子做一個把魚皮蓋回去的動作。

天命了我在幫牠蓋被子。

245

阿紅師的叮嚀

　　我知道很多人都害怕做菜，就是莫名的對做菜懷有恐懼感以及敬意，兩年前的阿紅師也是這樣的，但請放下心魔放膽去做吧，現在食安問題這麼嚴重，自己做也咔安心哪～

　　況且吃的都東西只要弄熟它還能出什麼錯，只是好吃與難吃的差別而已，在我看來做菜只有一個重點要把握住，就是有時候燉湯或燉肉，需要長時間烹煮時要關一個最小火嘛（請永遠記得最小火不是中間那個哦，是外圍火很小才叫最小火，中間的火算火力全開又只攻中間，很傷鍋的），火力最小時很容易有點風來就把它吹滅了，此時萬一門窗又緊閉一個不小心就會演變成社會新聞。

　　此時第一排的同學發問了：「阿紅師，家裡門窗緊閉哪來的風？」這位同學你太淺了，太太在家裡氣場都很強，有時氣到只是經過爐火都會產生一些風力，就是令狐沖的劍氣你懂吧，不懂的人結了婚就會懂得啦。反正呢在家做菜爐火千萬要小心，不要門窗緊閉並且時時注意火有沒有滅掉，只要把握住此一原則，在家做菜真的是健康又吃得安心哦～

想成為百分百好媳婦就聽阿紅師的！

羞昂師
感恩園地

宅女小紅

　　萬萬沒想到會有第四本，所以差不多的話還是要寫第四次，至今仍覺得不可思議我這種材料竟然能出四本書，這是出版界的沉淪啊連作者自己都感到痛心惹不知道寶傑你怎麼看。

　　此書能順利誕生要感謝很多人，謝謝編輯曼瑄和大頭，身為文青卻要審核這些垃圾文字真是辛苦了（摟）；謝謝設計莎莉精確地表達了我的欠揍感；謝謝經紀人貝兒，在截稿前細心的幫我規劃行程免得我擠稿擠到想跳樓；謝謝插畫士銘和鼻妹，還記得有個晚上鼻妹來跟我討論鈴鐺長怎樣，她真是個清純的女孩兒電視機前的男性勿錯過。謝謝幫我拍照的阿霞，從我出第一本書她還是個少女認識至今，拍照時她的第二胎都快落地了，希望相處的兩天裡我能傳染到一點兒她的好孕氣，祝順產啊阿霞。感謝馬來貘大德幫我畫喜帖內頁，能得到插畫界的芸芸幫忙我真是有福之人（合掌）；也特別謝謝吾友力先生，書中的喜帖是我的真喜帖啊，是不是很可愛呢缸溫蛤～謝謝拉筋篇指導教練鄭維軒，謝謝NIKE和無印良品借我衣服穿（但無印良品應該不想承認被我穿著吧），謝謝自轉星球幫我出一本這樣大製作又華麗的書，想到這我又覺得人生已經夠了，我一介無知婦人憑什麼擁有這些啊（熱淚）。

　　當然還要謝謝讀者們，大部份的時候我看到自己的文章都覺得不耐，感恩大家不棄嫌還是願意支持我給我機會。最後要感謝我的惱公，世界上誰能忍受自己的老婆一直罵他罵上報又罵出一本書呢，他不但不介意還一天到晚製造被罵的機會，真是個大無畏真男人我真是嫁對丈。

　　其實婚後我一直在擔心，像我們女明星（？），最容易遇到結婚後的轉型問題，之前我也相當困擾，所幸我（自認為）轉型還算成功，一下就從罵前男友的女人變成罵老公的女人，沒有任何的瓶頸，也沒有像小小彬登大人那種尷尬的

轉型期我好幸運。但有沒有成功還是要看大家買不買單，所以再次呼籲請把這本書拿去結帳吧，讓社會大眾知道年老色衰沒行情的女人，只要努力也是能掙出一片天的，請讓我感受一下社會的溫暖人性的光輝厚嗯厚啊～～

對了，雖然我想大家不會相信但我還是要第兩百八十三度澄清，我的公婆都是很溫和的好人，一切的<u>靠夭</u>只是因為不習慣，世間媳婦應該懂得我的<u>矮油</u>，在下真的沒有婆媳問題，跟張太太相處也很和睦哦。

謹以此書獻給天下憤怒的太太們，多想三秒鐘，妳可以不要敲他的後腦。
要是非敲不可忍俊不住，還請不要拿硬物。

附錄　羞昂詞彙大全

<table>
<tr><td colspan="2">

【一字】

</td><td colspan="2">

瞭　「了」的變音。

</td></tr>
</table>

【一字】

V	台語發音，味道。
ㄟ	台語發音，發語詞，表訝異。或表「的」。
尢	台語發音，丈夫。
幹	「幹」的變音。
朽	台語發音，是嗎。
吼	語尾助詞。
咔	台語發音，比較。
糾	台語發音，很。
剉	台語發音，害怕。
咩	「嘛」或「妹」的變音。
柳	「了呦」的連音。
浚	台語發音，精液。
凍	台語發音，忍。
哩	台語發音，你。
唄	台語發音，要。
捏	「呢」的變音。
迺	台語發音，逛。
強	台語發音，快速下鍋的意思。
喬	台語發音，整理。
鳥	「了」的變音。
喇	台語，攪和。
揪	台語發音，相約。
蛤	語尾助詞。
惹	「了」的變音。
搭	「的啊」的連音。
溜	「了喔」的連音。
溫	台語發音，我的。
腮	台語發音，搧，或是開車的「駛」。
逼	指女性生殖器。
嘟	形容戳的動作。
摳	英語發音，call，打電話。
豪	「好」的變音。
嚙	責備、指教。
橋	台語發音，調整。
盧	台語發音，要賴。
蕊	英語發音，re，對腳本之意。
隨	「誰」的變音。

瞭	「了」的變音。
縮	「說」的變音。
嚕	台語發音，摩擦。
醬	「這樣」的連音。
額	「喔」的變音。
蘇	台語發音，件。
釀	「那樣」的連音。

【二字】

He囉	台語發音，那個。
nosu	台語發音，沒機會。
Q彈	很有彈性的意思。
ㄅㄧㄚ康	台語發音，露餡。
ㄍㄡ	台語發音，沾粘。
ㄒㄧㄡˊㄒㄧㄡˊ	台語發音，淫淫黏黏。
ㄙㄨㄚ　ㄙㄨㄚ	台語發音，沙沙的。
七始	「其實」的變音。
乃口	台語發音，內褲。
下企	「下去」的變音。
口憐	「可憐」的變音。
女能	「女人」的變音。
不素	台語發音，不正經。
中痧	台語發音，中暑。
內個	「那個」的變音。
巴豆	台語發音，肚子。
巴底	英語發音，body，身體。
巴展	「巴掌」的變音。
心屬	台語發音，心事。
他棉	「他們」的變音。
凹累	英語發音，outlet，商品特賣會場。
北乎	台語發音，來不及。
北厭	台語發音，不屑。
可黏	「可憐」的變音。
外府	英語發音，wife，媳婦。
幼秀	台語發音，纖細。
打缸	台語發音，整天。
正港	台語發音，道地、正牌。
瓦靠	台語發音，外面。
甘苦	台語發音，難過。

詞	釋義	詞	釋義
甘哪	台語發音，好像。	拓湯	台語發音，眼睛脫窗。
交官	台語發音，往來。	糾竟	「究竟」的變音。
交陪	台語發音，互動。	花生	「發生」的變音。
伊ㄟ	台語發音，他的。	花現	「發現」的變音。
休誇	台語發音，有點。	阿木	台語發音，母親。
休誇	台語發音：有點。	阿佩	英語發音，ipad，平板電腦。
先省	「先生」的變音。	阿桑	台語發音，歐巴桑。
吃來	「出來」的變音。	勇健	台語發音，健壯。
吃門	「出門」的變音。	咪咪	指胸部。
同協	「同學」的變音。	哇ㄟ	台語發音，我的。
地荒	「地方」的變音。	哇拷	台語發音，
安捏	台語發音，這樣。		表示驚訝或讚嘆的發語詞。
有閒	台語發音，有空。	哇洗	台語發音，我是。
有身	台語發音，懷孕。	哇馬	台語發音，我也。
米國	「美國」的變音。	哎配	英語發音，ipad，平板電腦。
老木	台語發音，母親。	哎鳳	英語發音，iphone，手機。
老北	台語發音，父親。	某厚	台語發音，不好。
估狗	英語發音，google，	歪夭	形容一種「哎呀，糟了」的感覺。
	此處為搜尋之意。	歪果	「外國」的變音。
你棉	「你們」的變音。	美賣	台語發音，不錯。
吼哇	台語發音，讓我。	美蘇	台語發音，好像。
呀逼	發語詞，表開心。	趴體	英語發音，party，派對。
我棉	「我們」的變音。	凍逃	台語發音，耐力。
把拔	「爸爸」的變音。	哩ㄟ	台語發音，你的。
把郎	台語發音，別人。	哩五	台語發音，你有。
沒身	台語發音，沒懷孕。	孫體	「身體」的變音。
灶咖	台語發音，廚房。	扇班	「上班」的變音。
男能	「男人」的變音。	拿模	「那麼」的變音。
呷伊	台語發音，把他。	挫塞	台語發音，拉屎。
呷意	台語發音，喜歡。	消轟	「消風」的變音。
呷賽	台語發音，吃屎。	烙枕	「落枕」的發音。
和伊	台語發音，和他。	症頭	台語發音，症狀。
咔厚	台語，比較好。	素隨	「是誰」的變音。
咔稱	台語發音，臀部。	衰小	台語發音，倒楣。
奔潰	「崩潰」的變音。	馬的	「媽的」的變音。
妹有	「沒有」的變音。	馬洗	台語發音，也是。
姊接	「姊姊」的變音。	馬麻	「媽媽」的變音。
抬槓	台語發音，聊天。	堵南	台語發音，生氣，不滿的情緒。
抵累	英語發音，delay，延誤。	捧弓	台語發音，膀胱。
拾北	台語發音，你父親。	捧油	「朋友」的變音。

棄嫌	台語發音，嫌棄。
清此	「清楚」的變音。
粗乃	「出來」的變音。
累鳥	「累了」的變音。
細厚	台語發音，去死。
羞昂	台語發音，小紅。
都馬	台灣國語，都。
陰刀	台語發音，他家。
創治	台語發音，捉弄。
尊是	「真是」的變音。
幾雷	台語發音，一下。
惱公	「老公」的變音。
棒溜	台語發音，小便。
高麗	台語發音，高麗菜。
港快	「趕快」的變音。
港動	「感動」的變音。
港覺	「感覺」的變音。
痣己	「自己」的變音。
登楞	表驚訝的音效。
睏去	台語發音，睡著。
逮丸	台語發音，台灣。
進桃	台語發音，症狀。
開掉	台語發音，花掉。
開錢	台語發音，花錢。
傳好	台語發音，準備好。
嗨桑	粵語發音，開心。
嗨賴	英語發音，high light，畫重點。
嗯勾	台語發音，不過。
嗯免	台語發音，不用。
嗯災	台語發音，不知道。
嗯湯	台語發音，不能。
媽馬	「媽媽」的變音。
意屬	台語發音，意思。
愛睏	台語發音，想睡覺。
感節	「感覺」的變音。
搞缸	台語發音，麻煩。
新涼	「新娘」的變音。
歇們	英語發音，seven，指便利商店7-11。
溫尢	台語發音，我丈夫。

溫刀	台語發音，我家。
矮油	台語發音，介意、不習慣。
腮掐	台語發音，開車。
誇沾	「誇張」的變音。
運將	台語發音，司機。
嘎米	英語發音，Garmin，衛星導航系統。
摳奧	英語發音，call out。
摸們	英文發音，moment，時刻。
撇步	台語發音，祕訣。
蓋邊	「該冰」的變音。
豪大	「好大」的變音。
慶菜	台語發音，隨便。
睹拼	英語發音，shopping，購物。
睹毀	台語發音，什麼。
靠夭	台語發音，抱怨。
靠北	台語發音，抱怨。
操煩	台語發音，擔心。
擔藍	「當然」的變音。
蕭婆	台語發音，瘋婆子。
膩頗	英語發音，nipple，乳首。
辦划	「辦法」的變音。
藍看	「難看」的變音。
雞歪	台語發音，惹人厭。
雞雞	男性生殖器。
攏洗	台語發音，都是。
攏馬	台語發音，都。
寶包	「寶寶」的變音。
蘇的	形容快速飛過的感覺。
囊怪	「難怪」的變音。
囊道	「難道」的變音。
鬱卒	台語發音，鬱悶。
He囉	台語發音，那個。
nosu	台語發音，沒機會。
ㄅㄧㄚ康	台語發音，露餡。

【三字】

ㄜ臭臭	上大號的意思。
ㄟㄞ擠	台語發音，的事情。
尢ㄍㄨㄣ哪	台語發音，脖子。

一輩紫	「一輩子」的變音。
一蘇蘇	台語發音，一點點。
不要屎	「不要死」的變音。
不得鳥	「不得了」的變音。
不速鬼	台語發音，不正經之人。
不酥湖	「不舒服」的變音。
不辣甲	台語發音，胸罩。
不雞道	「不知道」的變音。
太哀壞	「太壞」，因吟唱而拉長了音。
少年仔	台語發音，年輕人。
心情賣	台語發音，心情不好。
北盈哩	台語發音，不行。
尻ㄙㄟ	台語發音，抱怨。
用關關	「用光光」的變音。
伊頂愛	台語發音，一定要。
吊嘎啊	台語發音，背心。
安卓乙	英語發音，Android，手機作業系統。
死八賴	英語發音，spotlight，聚光燈。
灰朽厝	台語發音，失火。
米kimoto	日語發音，御木本（音mikimoto），是日本知名珍珠品牌。
低咪低	英語發音，DVD。
快屎了	「快死了」的變音。
沒辦划	「沒辦法」的變音。
沒關溼	「沒關係」的變音。
沙啊漠	「沙漠」，因吟唱而拉長了音。
肖連郎	台語發音，年輕人。
受不鳥	「受不了」的變音。
受得鳥	「受得了」的變音。
彼當時	台語發音，那時候。
拍咪啊	台語發音，壞東西。
花惹發	英語發音，what the f*uk。
阿豆仔	台語發音，外國人。
阿兜啊	台語發音，外國人。
厚嗯厚	台語發音，好不好。
哇奔郎	台語發音，我本人。
某咔抓	台語發音，沒辦法。
某花兜	台語發音，沒辦法。
某摳零	台語發音，不可能。
某蓋厚	台語發音，不太好。
歪果忍	「外國人」的變音。
洗安捏	台語發音，是這樣。
洗嗯洗	台語，是不是。
洗瞎密	台語發音，是什麼。
洗瞎毀	台語發音，是什麼。
看沒有	台語發音，看不起。
倒撒缸	台語發音，幫忙。
凍北條	台語發音，忍不住。
唄安抓	台語發音，該如何。
栽呼ㄋㄧ～	「在乎你」的變音。
桑擠雷	台語發音，按摩一下。
起番顛	台語發音，使性子。
啊嗯勾	台語發音，不過。
掏粗乃	「掏出來」的變音。
粗歹擠	台語發音，出事情。
頂摳口	台語發音，硬梆梆。
麥當當	指麥當勞。
喇一喇	台語，攪一攪。
揪讚ㄟ	台語發音，很棒。
棒伊耍	台語發音，放過他。
煮燒燒	台語發音，煮熱了。
逮八郎	台語發音，台北人。
逮丸ㄟ	台語發音，台灣的。
逮丸郎	台語發音，台灣人。
嗯湯拖	台語發音，不能拖。
愛字意	台語，要注意。
腮落Key	台語發音，打下去。
腮落去	台語發音，打下去。
墓仔埔	台語發音，墳墓。
酸關語	「雙關語」的變音。
歐巴扇	「歐巴桑」的變音。
歐買樂	英語發音，oh my love，噢我的愛。出自《第六感生死戀》主題曲〈Unchained Melody〉。
瞎郎災	台語發音，誰知道。
踏馬的	「他媽的」的變音。
擋不住	台語發音，忍不住。

諾諾諾	英語發音，no no no，表強力否定。
隨在你	台語，隨便你。
擠系郎	台語發音，一生。
歸身軀	台語發音，全身。
顧條條	台語發音，顧好好。
囊拔萬	英語發音，number one，第一。
攬條條	台語發音，摟緊緊。

【四字】

AV8D	英語發音，every boby，大家。
一毛一樣	「一模一樣」的變音。
不拉不拉	英語發音，blah blah，講個不停的意思。
不拾不拾	英語發音，bling bling，閃閃發光。
內牛滿面	「淚流滿面」的變音。
打缸盈盈	台語發音，每天開開。
廿五摳零	台語發音，有可能嗎。
安捏干丟	台語發音，這樣對嗎。
安捏干厚	台語發音，這樣好嗎。
西西蘇蘇	音效，翻找東西時發出的聲音。
那ㄟ安捏	台語發音，怎麼會這樣。
那午摳零	台語發音，怎麼可能。
糾歡樂ㄟ	台語發音，很歡樂的。
阿咩李卡	英語發音，America，美國。
架你鴨追	台語發音，這麼的多。
歪ㄊㄊㄊ	音效，表達一種漏氣感。
普雞普雞	音效，幫浦運作時的聲音。
愛災抖力	台語發音，要知道理。
窩的馬呀	「我的媽呀」的變音。
雞雞歪歪	台語發音，彆扭討人厭。

【五字】

U～五咧咿哩	表歡唱。
歹路不可行	台語發音，壞路不可走，意指不可做壞事。
他滴熱鵝情	「他的熱情」，因吟唱而拉長了音。
平椅伊伊息	「平息」，因吟唱而拉長了音。

拍拾嘎唄系	台語發音，難喝的要死。
哪啊啊啊裡	「哪裡」，因吟唱而拉長了音。
凱莉不來蕭	美國影集《慾望城市》裡的主角，專欄作家 Carrie Bradshaw。
嗯湯啊嗯湯	台語發音，不行啊不行。
頭毛抵咧休	台語發音，毛髮在燒。
翹咖捻翠秋	台語，翹腳捻鬍鬚。
醉郎ㄟ新ㄅㄨ	台語發音，做人家的媳婦。

【六字】

日也操暝也操	台語發音，日夜操勞。

【七字】

目睭勾到蛤仔肉	台語發音，眼睛沾黏到蜆肉，指識人不清。
西西蘇蘇西西蘇	小聲說人閒話說個沒停的音效。

【八字】

太太ㄟ性命嗯達吉	台語發音，太太的性命不值錢。

【九字】

快哎樂的不ㄨ得さ瞭	「快樂的不得了」，因吟唱而拉長了音。

【十一字】

把郎ㄟ性命洗空金勾包銀	台語發音，別人的性命是鑲金又包銀。

作者	宅女小紅（羞昂）
主編	何曼瑄
攝影	李盈霞
書籍設計	IF OFFICE
喜帖設計	李瑋鈞
內頁插畫	鼻妹、黃士銘（運動咨詢室）、Cherng（別冊）
企劃經理	鄭偉銘
發行人	黃俊隆
總編輯	黃俊隆
經紀副總監	熊俞茜
行政編務	許菁芬
出版者	自轉星球文化創意事業有限公司
住址	台北市大安區臥龍街43巷11號3樓
電子信箱	rstarbook@gmail.com
電話／傳真	02-8732-1629／02-2735-9768
發行統籌	華品文創出版股份有限公司／02-2331-7103
總經銷	大和書報圖書股份有限公司／02-8990-2588
法律顧問	益思科技法律事務所
印刷	前進彩藝有限公司／02-2225-0085

Beautirul Day 30

好媳婦國際中文版

第一次結婚就該懂的事
媳婦燈塔宅女小紅的婚姻開示特集

自轉星球

2014年4月17日初版一刷　2016年1月20日初版四刷
2014 Revolution-Star Publishing and Creation Co., Ltd.
All Rights Reserved. Printed in Taiwan.

國家圖書館出版品預行編目資料
好媳婦國際中文版──第一次結婚就該懂的事，
媳婦燈塔宅女小紅的婚姻開示特集
宅女小紅（羞昂）作‧初版--臺北市：自轉星球
文化：2014.4，256面：23×17公分
（Beautiful Day：30）ISBN　978-986-88755-
8-6（平裝）544.3：103002705

歐巴桑的味～

讓我想要把眼淚落下住～